新媒体·新传播·新运营 系列丛书

和秋叶一起学

直播营销

文案写作

代媛媛 李晓菲◎主编

赖涛 曾海均◎副主编

慕课版

人民邮电出版社

北 京

图书在版编目（CIP）数据

直播营销文案写作：慕课版／代媛媛，李晓菲主编
. -- 北京：人民邮电出版社，2024.1
（新媒体·新传播·新运营系列丛书）
ISBN 978-7-115-63010-0

Ⅰ．①直… Ⅱ．①代… ②李… Ⅲ．①网络营销—文
书—写作 Ⅳ．①F713.365.2

中国国家版本馆CIP数据核字(2023)第201462号

内 容 提 要

　　直播营销在当前的产品销售中扮演着重要角色，出色的直播营销文案是直播营销获得成功的保证。本书共分 12 章，第 1 章介绍了直播营销文案的基本概念、发展趋势与话术规范；第 2 章介绍了直播营销文案写作的具体知识，包括直播营销文案的构成要素、类型与结构等；第 3～5 章分别介绍了人设型、"带货"型、活动型直播营销文案写作的相关理论知识、主要特点与流程话术等；第 6～11 章分别针对美妆日化、服装、美食、"三农"、图书教育、母婴等主要品类直播，介绍了基础知识，分享了丰富案例，并教授了有效的文案设计技巧与流程话术；第 12 章则针对主播在直播中可能遭遇的突发情况，介绍了应对方法和应对话术。

　　本书既适合直播营销行业的从业者阅读，也可作为高等院校电子商务、网络与新媒体等专业的教材。

◆ 主　　编　代媛媛　李晓菲
　　副 主 编　赖　涛　曾海均
　　责任编辑　连震月
　　责任印制　王　郁　彭志环
◆ 人民邮电出版社出版发行　　北京市丰台区成寿寺路 11 号
　　邮编　100164　　电子邮件　315@ptpress.com.cn
　　网址　https://www.ptpress.com.cn
　　固安县铭成印刷有限公司印刷
◆ 开本：787×1092　1/16
　　印张：10.75　　　　　　　　　　　2024 年 1 月第 1 版
　　字数：252 千字　　　　　　　　　2024 年 12 月河北第 3 次印刷

定价：49.80 元

读者服务热线：(010)81055256　印装质量热线：(010)81055316
反盗版热线：(010)81055315
广告经营许可证：京东市监广登字 20170147 号

编写背景

党的二十大报告指出，加快发展数字经济，促进数字经济与实体经济深度融合，打造具有国际竞争力的数字产业集群。直播这一形式将是发展数字经济的有力支撑。得益于移动互联网的蓬勃发展，直播已成为当下热门的网络营销和"带货"方式之一。中国互联网络信息中心发布的第 52 次《中国互联网络发展状况统计报告》显示，截至 2023 年 6 月，我国网民规模为 10.79 亿人，其中即时通信、网络视频、短视频用户规模分别达 10.47 亿人、10.44 亿人和 10.26 亿人。电商直播发展日趋成熟，电商直播业务也成为传统电商平台营收的重要抓手。2022 年"双十一"期间，天猫平台 62 个直播间成交额过亿元，632 个直播间成交额在千万元以上。

在众多线上线下企业积极投身电商直播之际，不少品牌或商家却由于缺少必要的直播营销文案写作技巧，在形势大好的电商直播赛道上表现平平。

在直播营销活动中，高质量的直播营销文案对于吸引用户、提高直播间互动率、促进成交转化来说至关重要。但是，直播营销文案写作并非易事，需要读者进行系统学习与持续实践。

鉴于直播营销文案的重要性与写作的复杂性，编者特为有需要的读者编写了这本《直播营销文案写作（慕课版）》，希望通过理论指导与案例分析，进一步提升读者的直播营销能力。编者真诚希望本书成为广大读者学习直播营销文案写作的入门指导书。

本书特色

1. 内容系统，层层深入

本书从讲解直播营销文案的基础概念、设计技巧、案例分析，再到流程话术指导，深入浅出地教授知识。每章都设置了"知识目标""素养目标"，使读者对知识要点一目了然。

2. 案例丰富，操作性强

本书通过大量典型案例展示理论知识，增强了知识的针对性和指导性。这些案例涵盖直播营销文案的不同类型、直播营销的不同主流赛道，以期拓宽读者视野，帮助读者多方面深入学习直播营销文案。

3. 注重思考练习

本书精心设计了大量的"课堂讨论"，每章还设置了"课后习题"。这样的设计贯穿全书，有助于读者将知识内化，也有助于锻炼读者分析问题和解决问题的能力，达到真正理解和掌握知识的目的。

4. 配有慕课资源

本书有配套的慕课资源，读者使用手机扫描封面二维码即可学习视频课程。本书通过将线下教学与线上教学相结合，为读者提供十分丰富的学习形式。

教学建议

本书适合作为高等院校电子商务、网络与新媒体等专业的教材。院校如选用本书作为教学用书，宜安排 32～48 课时。

编著说明

本书由代媛媛、李晓菲担任主编，由赖涛、曾海均担任副主编。在编写过程中，编者广泛听取了业内专家和直播行业优秀从业者的意见和建议，对他们的帮助表示衷心感谢！由于直播行业与直播平台的发展较快，书中难免有疏漏之处，恳请读者指正。

编者

2023 年 12 月

PART 01

第 1 章
直播营销文案概述

知识目标

（1）理解直播营销文案的含义。

（2）了解直播营销文案的特点和价值。

（3）了解直播营销文案的发展趋势。

（4）了解直播间营销话术规范。

素养目标

（1）贯彻新发展理念，推进直播营销行业高质量发展。

（2）增强遵纪守法意识，规范直播营销文案，营造清朗直播环境。

（3）提高理论修养，提升直播营销文案的文化内涵和社会价值。

1.1　初识直播营销文案

直播，这一基于移动互联网技术而产生的可使用户实时参与互动的内容表现形式，正日益受到品牌与商家的重视和用户的青睐。直播营销则充分借助直播这一内容表现形式，将企业、品牌或商家的营销活动效果进一步放大，从而吸引更多意向用户、提高产品销量。

在直播营销活动中，直播营销文案扮演了重要角色：吸引用户观看，连接主播与用户；传达产品卖点，促成交易；提高品牌和产品曝光度，扩大品牌影响力；等等。直播营销文案对于企业、品牌或商家的直播营销活动来说至关重要。

1.1.1　认识直播营销文案

直播营销文案是指通过直播这种新兴内容表现形式，以实时话语呈现，以吸引用户停留、提高产品销量等为目的的文案。

就本质而言，直播营销文案是一种营销文案，是为了在直播场景下更有效地推销产品或服务而精心设计的。由于直播间的即时性和互动性，直播营销文案需考虑实时情境下的特殊因素，如与用户的互动、用户的反馈情况及直播间氛围等。

一方面，直播营销文案需具备吸引力和感染力，能快速吸引用户的注意力并激发他们对产品或服务的兴趣。另一方面，直播营销文案需具备针对性和说服力，能针对用户的需求、"痛点"、利益等因素，提供有力的理由，说服他们购买产品或服务。

总体而言，直播营销文案是一种结合了创意、策略和技术的营销工具，是主播与用户进行交流的桥梁，是提高直播销量的重要力量。

1. 发展条件

直播营销文案的发展依托于"粉丝经济"的扩大、直播平台电商化、主播职业化、用户生成内容的成熟等条件。

（1）"粉丝经济"的扩大

"粉丝经济"最初是指一种依托"粉丝"对"偶像"的情感和关注而衍生的消费现象。它是一种借助社交媒体和在线平台而建立，以"粉丝"为基础，以内容和交互为驱动，以购买、分享和参与等行为为表现形式的经济形态。

用户对某些主播产生类似信任的情感时，就愿意下单购买其直播间的产品，并伴随持续的复购行为。这为直播营销的发展创造了有利条件。

2022年6月，某直播间主播以才情打动直播间用户，引发8万余用户集体"刷口令"："原来你也在这里"，如图1-1所示。此后，该直播间曾创下10分钟卖完1.6万单洗衣液、推荐的某部纯文学图书销量超过100万册等成绩。

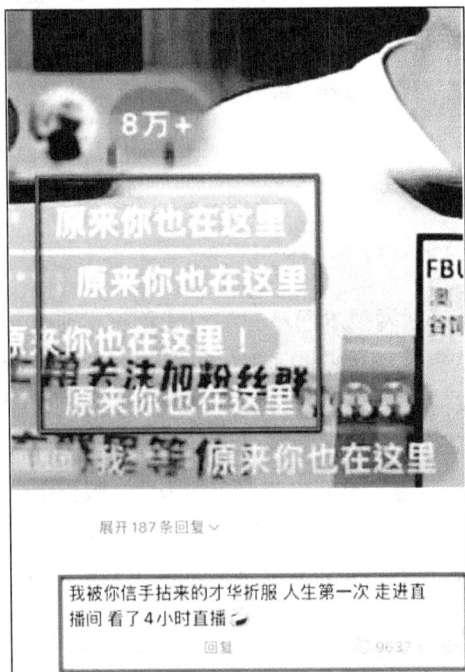

图 1-1　直播间的用户集体"刷口令"

（2）直播平台电商化

我国直播平台电商化历程可以概括为娱乐化、移动化、精细化及兴趣化等阶段。直播平台电商化发展轴，如图 1-2 所示。

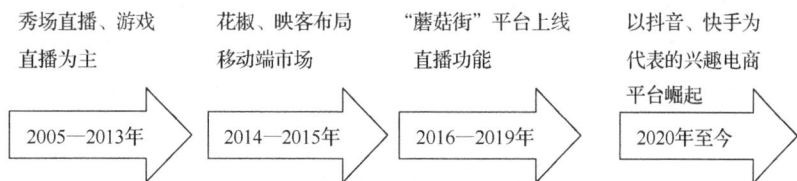

图 1-2 直播平台电商化发展轴

- 娱乐化阶段：2005—2013 年

2005—2013 年，互联网的发展进入新阶段，带宽的提高和网络设备的普及使网络直播成为可能。在这一阶段，直播以秀场和游戏为主要形式，这也是互联网直播的较早形式。其中，秀场直播多以主播唱歌、跳舞、表演等形式进行直播，以娱乐用户为主要目的。在这一阶段，"6 间房""YY 语音"等平台崭露头角，吸引了大量用户；互联网游戏逐渐兴起，许多专业玩家和游戏爱好者开始通过直播平台分享自己的游戏实况，向用户展示游戏技术和传授战术策略。

- 移动化阶段：2014—2015 年

随着智能手机的普及和移动互联网的快速发展，花椒、映客等新兴直播平台纷纷布局移动端直播市场。相较于 PC 端，移动端的用户更多，使用场景更丰富。用户可以在家中、工作间隙、坐公交时等观看直播，实时参与互动。因此，直播的用户基数大大增加，流量快速增长。

与此同时，直播平台开始尝试更多商业模式。在开通虚拟礼物打赏功能的基础上，直播平台积极引入广告、品牌合作等，进一步开拓商业化途径。

- 精细化阶段：2016—2019 年

随着移动互联网的深度发展和用户需求的细分，直播平台逐渐受到各垂类平台的关注。2016 年，专注时尚女性消费的"蘑菇街"平台上线直播功能，其"电商+直播"模式成效显著，使"蘑菇街"平台在"电商+直播"领域获得了重要地位。

"蘑菇街"平台的成功证明了"电商+直播"模式的可行性。包括淘宝、京东在内的电商平台纷纷开设直播功能，吸引大量品牌商家和达人主播入驻，使直播电商热度进一步提升。

直播电商的崛起改变了传统电商的购物模式，为用户增加了购物的互动性和趣味性，也使商家和用户的连接更加紧密。

- 兴趣化阶段：2020 年至今

2020 年，众多商家和品牌的线下业务发展受阻，抖音、快手等兴趣电商平台却逆势而上，"直播+电商"形式被用户普遍接受。

兴趣电商基于强大的算法，为用户提供个性化推荐。算法会通过用户画像，结合作品的关键词把符合相应用户画像特点的内容投放给用户；用户对这些推荐进行选择后，会留下点击和观看时长的记录；系统会记录投放效果并根据用户的选择进行模型优化，从而为用户提供差异化服务和定制性内容。人工智能（Artificial Intelligence，AI）通过精准算法掌握用户的主要习惯后，会再推荐一些类似内容，以扩大用户的选择范围。当用户不断地接受这些推荐内容时，组合算法就借此达到了维护并扩大智能推荐的效果。例如，用户浏览防晒霜的介绍后，系统可能会推送遮阳伞的介绍，因为它们都和"防晒"有关；用户浏览某景区的介绍后，景区酒店的广告可能会出现在用户的手机屏幕上。当一条短视频被很多用户点赞、评论后，这条视频就会被系统推荐到一个更大的"流量池"，从而获得更多的流量，触达更多的用户。

此外，兴趣电商不再局限于展现工作场景，开始展现更丰富的场景。例如，主播可以带用户逛街，可以在镜头前做料理，甚至可以一边照顾线下生意一边直播等。丰富的直播场景满足了用户的多元需求，因此备受用户喜爱。"陪伴型直播间"[①]用户的停留时间甚至能超过 30 分钟。

由此，直播营销进入快速发展的新阶段，直播营销文案开始有了相对固定的模式。

（3）主播职业化

为搭建高效直播营销团队，避免在激烈的流量竞争中因主播流失等带来商业损失，品牌或商家与主播开始签订合同，并摸索出成套的主播孵化流程。同时，专业 MCN[②]机构越来越多。艾媒咨询发布的《2022 年中国直播行业发展现状及市场调研分析报告》显示，2016—2021 年，中国 MCN 机构的数量呈逐年上升趋势，2021 年，MCN 机构已突破 3 万家。

• 主播签约

商家和主播签订合同，可以确保主播在一段时间内只为自己直播，避免因主播的流失或跳槽而给自己带来商业损失。合同一般会规定主播的直播时间、直播内容、直播方式等，同时也会规定商家须支付的报酬，如固定薪资、销售提成等。

• 主播孵化

主播孵化是指商家或 MCN 机构通过一系列的培训、指导，将具有潜力的人培养成合格或优秀的主播。孵化流程一般包括选人、培训、实战、反馈、优化等步骤。选人是指从众多申请者中挑选出具有潜力的人；培训则是对主播进行专业的直播技能、销售技巧等方面的培训；实战是指主播通过直播销售产品；反馈和优化则是对主播的表现进行评价，指出其不足，给出改进建议，从而提高主播的直播"带货"能力。

• 专业 MCN 机构崛起

随着直播电商的发展，专业的 MCN 机构越来越多。他们通过挖掘和签约主播进行主播孵化，提供技术、资源、内容等支持，助力主播实现直播销售目标，也从中获得可观的收益。

例如，古麦嘉禾深耕移动互联网多年，是新媒体行业里比较知名的内容生产机构，在内容、流量、商业化、品牌孵化等多个业务领域都具有较强的影响力，旗下拥有数位"粉丝"量超过千万的达人主播。又如，乾派文化关注于全品类覆盖关键意见领袖（Key Opinion Leader，KOL）孵化与营销平台，尤其注重深耕科技数码赛道，其官网显示，截至 2023

---

① 陪伴型直播间：其核心理念是通过提供陪伴感和情感价值来吸引用户。主播更偏向"朋友"角色，而不是单纯的推销者。陪伴型直播间的用户主要是为了找寻归属感。

② MCN：Multi-Channel Network，即"多频道网络"，泛指通过互联网形成"粉丝经济"的产业或企业等。

年 8 月，其机构达人已超 600 位，总"粉丝"量已超 10 亿。

部分 MCN 机构达人及"粉丝"情况等，如图 1-3 所示。

这些专业的 MCN 机构常常要求主播具备一定的直播营销文案撰写能力，树立各具特色的人设和风格。这些要求又为直播营销文案增添了独特魅力。

（4）用户生成内容的成熟

伴随各类互联网平台的发展，用户生成内容越来越多，且蔚为大观。以用户视角体验产品并自发分享产品的用户生成内容在各大社交/电商平台兴起。

用户通过评论、分享体验等方式参与直播营销活动，形成用户生成内容。这些内容，一方面可以提升用户的参与度和黏性，提高直播的观看率和转化率；另一方面因更接近用户的视角和感受而能更好地反映产品的真实效果和价值，从而提高产品的口碑。同时，主播可以根据用户的反馈及时调整直播内容或方式，提升直播效果。优质的用户生成内容还可以作为营销素材，通过分享、推广等方式吸引更多用户参与直播。

排名		MCN机构	达人总数↓	粉丝增量↓	粉丝数↓	销售额/元↓	达人主要分类
	进榜	YY直播	15	251.7万	1,069.1万	0	达人-音乐·萌宠
	▲ 5	古麦嘉禾	296	237.6万	5.39亿	75万~100万	剧情搞笑-生活-达人
	进榜	天道影视	2	184.1万	184.1万	0	情感-达人
4	进榜	叁仑健康	4	183.7万	220.6万	0	生活
5	进榜	热度传媒	384	179.5万	3.68亿	250万~500万	达人-剧情搞笑-随拍
6	进榜	乾派文化	845	178.2万	9.02亿	100万~250万	科技数码-剧情搞笑-测评
7	▼ 6	南阳正恒	730	163.8万	3.32亿	1000~2500	影视娱乐-生活-随拍
8	▲ 61	听海文化	898	163.7万	2.22亿	7.5万~10万	生活-随拍-美食

图 1-3　部分 MCN 机构达人及"粉丝"情况[①]

用户生成内容的成熟可以为直播营销注入新鲜活力，并能有力推动直播营销文案不断朝"用户视角""互动性""利他性"方向发展。

2. 主要类型

直播营销主要有产品推销、生活体验、互动砍价、授课教学、才艺表演、主题活动等形式，其文案的主要类型可以归纳为：人设型、"带货"型、活动型。

（1）人设型直播营销文案

此类文案通过打造鲜明、稳定的主播人设塑造一种美好形象，传递正面、积极的价值观，继而围绕主播人设推荐相关产品，引导用户消费，从而实现商业变现目的。

---

① 截图来自第三方数据平台"蝉妈妈"。MCN 机构排名是浮动的，具体数据及排名须以网站最新数据为准。

文艺少女型人设主播可能会在直播间创造一种仪式感十足的氛围，从而传递优雅、品味生活的理念。例如，某主播喜欢在古典音乐声中慢悠悠地泡上一壶茶，继而推荐一些文艺小物、手工产品等。这类主播所使用的文案往往会通过诗意化语言营造优雅的文艺风格。又如，某位拥有瑜伽教练人设的主播每天会通过固定的瑜伽课程直播传递积极生活方式，并穿插一些瑜伽练习技巧和保持身心健康的方法等，从而在直播间推荐瑜伽垫、运动装等产品。其使用的文案风格积极向上，充满正能量。

（2）"带货"型直播营销文案

此类文案以"货"为中心，围绕产品卖点、典型场景、利益点等展开，最终目的在于推销产品、促进购买。

"带货"型直播营销文案往往会直接点明产品的核心卖点和优势，如"制造超细气泡，让您泡澡时感觉更轻盈舒适"等，侧重让用户清楚自己使用该产品后可获得的具体利益。

（3）活动型直播营销文案

此类文案通常围绕鲜明的主题活动展开，有比较明晰的活动阶段和人员角色划分等，主要目的在于打造"影响力事件"，或者通过销讲等形式给用户"种草"。冠以"×××节""×××周年庆""×××新品发布"的直播，多属于活动型直播。

图 1-4 所示为人设型、"带货"型、活动型直播截图。其中，图 1-4（a）中的主播正在向直播间用户分享自己打造书屋的故事视频，讲述自己与书的故事，此举可以强化主播的"读书人"人设；图 1-4（b）所示为典型的"带货"型直播场景，主播正在向直播间用户介绍一款智能门锁；图 1-4（c）所示为活动型直播，主播正在进行发布会演讲。

| （a）人设型直播 | （b）"带货"型直播 | （c）活动型直播 |

图 1-4　不同类型的直播截图

不同的直播目的、直播主题、主播等，适合采用不同的直播形式。整体而言，"带货"型直播是当前的主流直播形式，但也具有朝人设型直播发展的趋势。很多"带货"型主播也开始努力打造人设，如图书仓库管理员等。

3. 主流平台

直播营销的主流平台即直播营销文案的主要应用平台，包括：以淘宝、京东、当当等为代表的货架电商平台；以抖音、快手等为代表的兴趣电商平台；以视频号、微博等为代表的社交电商平台。

（1）货架电商平台

货架电商通过虚拟货架，将产品按照类别陈列在线上店铺，供用户通过搜索、浏览等方式了解产品，然后下单购买。货架电商平台直播间具有流量较稳定、可持续、相对精准、转化率较高等特点。

货架电商平台通过长期积累拥有大量的用户。这些用户会定期浏览、搜索平台内的产品，从而为直播间提供稳定的流量。由于用户进入平台时就有购买产品的目的，所以相较于其他平台，货架电商平台用户的购买意愿较强。

① 淘宝

淘宝是我国较早布局直播的大型综合性电商平台。2016 年，淘宝正式上线直播功能，引入"商家边播边卖，网友边看边买"的消费模式。2019 年，"双十一"活动期间，超过 10 万商家开通淘宝直播。"双十一"活动开场不到 9 小时，淘宝直播引导成交额突破 100 亿元。淘宝直播间以女性用户为主，晚间十分活跃，直播营销方式包括导购、产品问答等。

图 1-5 所示为在淘宝某销售床上用品的直播间内，主播正在展示产品面料等细节。

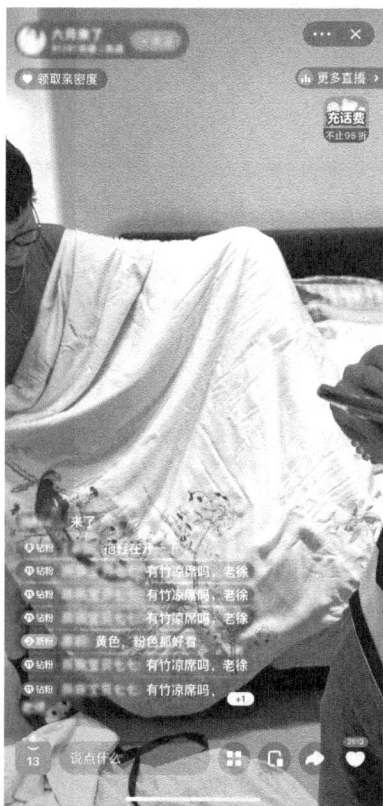

图 1-5　淘宝某主播正在展示产品面料等细节

② 京东

京东在建立之初就着力打造优质品牌形象，拥有很强的供应链和良好的物流配送服务。在 2016 年的"双十一"活动中，京东某管理人员在京东直播中做菜，以吸引用户停留观看。京东直播以自营电商居多，以销售个人护理、家电、3C 数码等产品见长。

图 1-6 所示为在京东某销售家电产品的直播间内，主播正在引导用户下单。

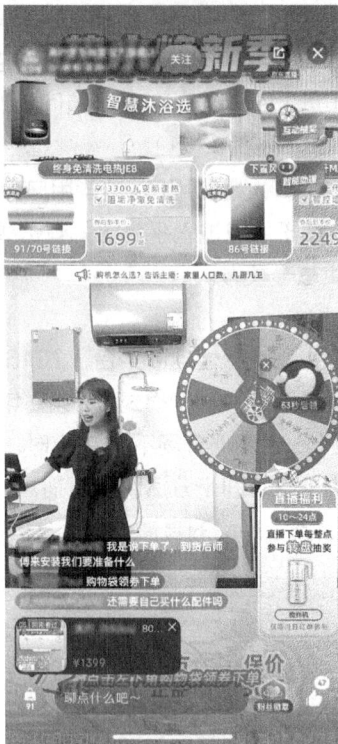

图 1-6　京东某主播正在引导用户下单

③ 当当

当当创立于 1999 年，现已发展为综合电商平台。其图书品类销售占据了比较可观的市场份额。当当直播多围绕"读书"主题开展，一般采用论坛、讲座、嘉宾对话、图书介绍等多种形式，流量较精准。

图 1-7 所示为在当当直播间，某出版社正在进行英语学习指导分享直播。

（2）兴趣电商平台

2021 年 4 月 8 日，在抖音生态大会上，抖音电商总裁提出了"兴趣电商"概念，即兴趣电商是一种基于人们对美好生活的向往，满足用户潜在购物兴趣，提升用户生活品质的电商。可见，"兴趣电商"旨在创新性地打造"货找人"场景，通过丰富多彩的内容激活用户的潜在兴趣，引导用户在轻松愉快的氛围中消费。"兴趣电商"具有爆发性强、流量不稳定、泛流量较多等特点，代表平台有抖音、快手等。

① 抖音

2016 年 9 月，抖音正式上线。通过积极引导用户参与内容创作，抖音孵化出一批优秀的素人出身的主播。2020 年，抖音吸引大批知名人士入驻平台，参与直播"带货"，并逐渐完善供应链和支付体系。在"短视频+直播"的营销模式下，抖音创造出大量"爆款"产品，也成功吸引诸多品牌和商家入驻。

图 1-7 当当某直播间正在进行分享直播

图 1-8 所示为某航空公司跨界打造的抖音直播间。主播用古典服装、精致妆容来突出公司的品牌调性、衬托自己的气质，从而让用户产生该航空公司"产品品质高、值得信赖"的感觉。

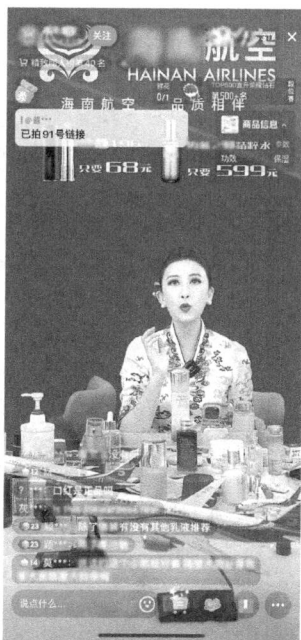

图 1-8 抖音某主播正在直播

② 快手

2016 年，快手上线直播功能。快手的平台用户以三、四线城市居民与乡镇群体为主，相应地，快手直播十分"接地气"，许多直播展现了主播真实的生活面貌与家乡的风土人情。在此氛围下，用户将对主播的喜欢转移至对直播间产品的信任，快手平台由此诞生了具有平台特色的"老铁经济"。信任纽带的建立对于快手直播间的转化来说至关重要，快手直播间产品以源头好货、物美价廉为特色。

（3）社交电商平台

社交电商是基于社交分享衍生的电商类型，以商家或品牌的私域流量为基础，通常具有相对稳定的转化能力。近年，社交电商逐渐打通私域和公域，使流量逐渐向公域发展，代表平台有视频号、微博等。

① 视频号

2020 年，微信视频号开启直播功能。视频号依托微信的庞大用户基数，具有显著的私域优势。商家或品牌通过公众号、朋友圈、视频号短视频与直播、微信群、微店等多个营销抓手，能便利地实现引流、推广、变现、用户沉淀、用户转化等动作。

图 1-9 所示为秋叶大叔在其视频号直播间通过讲解学习 AI 的重要性为 AI 课产品引流。这场直播高峰时的在线人数超过千人。

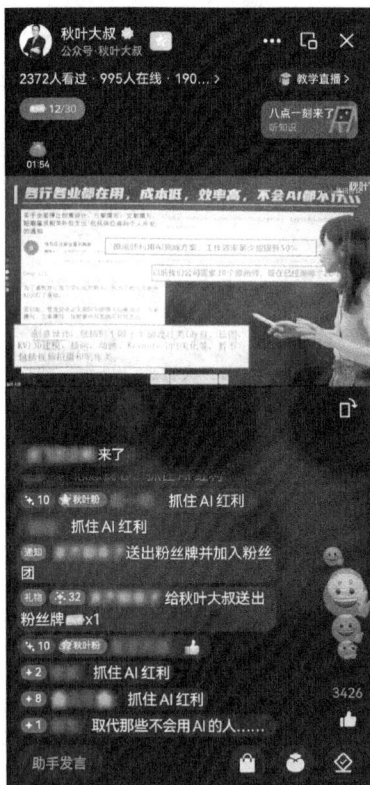

图 1-9　秋叶大叔视频号直播

② 微博

微博作为我国主流社交平台之一，具有用户基数大、热点爆发快等特点，是商家和品牌进行营销的重要阵地。商家和品牌通过一手抓热点、一手抓直播，能有效增加流量和扩大影响力。

在微博平台，用户之间可以快速分享和传播信息，一些事件可以在几个小时之内让众多用户知晓。商家和品牌抓住微博平台的热点事件，结合自身的产品或服务，开展相关的新媒体营销活动，不仅可以提高自身的曝光度，还可以提高用户的参与度和互动频次。

"有书"平台在 3 周年时推出了旨在传递品牌理念，借助"为女性发声"话题引发用户情感共鸣的"有书就 OK"新媒体营销活动。

最终，"有书就 OK"活动的微博话题阅读量超过 608 万，讨论量超过 5 万，直播间观看量超过 35 万；活动取得了非常好的宣传效果。

> **课堂讨论**
>
> 请从发展条件、主要类型与主流平台角度出发，谈谈你对直播营销文案的初步认识。

1.1.2 直播营销文案的特点

基于用户观看直播的习惯、激烈的流量竞争、电商内容化等方面的影响，直播营销文案呈现出鲜明的特色，主要表现为以下六点。

1. 灵活多变

直播营销文案灵活多变的特点既体现在直播营销文案的设计上，也体现在直播营销文案的运用中。

在文案设计方面，主播可根据个人风格、品牌定位、目标用户等因素有针对性地设计直播营销文案，从而尽可能精准地吸引用户。例如，同样是售卖衣服的直播间，具有设计师人设的主播与专业销售衣服的主播使用的直播营销文案会有明显不同，如表 1-1 所示。

表 1-1 两种主播使用的直播营销文案

文案 1	文案 2
大家好，我是设计师×××。大家都喜欢听我讲我的故事，其实我手中的每一件衣服也都有故事。今天，我将带大家走进我新设计的×××系列，和大家分享其设计理念和灵感来源。期待你能在这里感受到美的力量，更期待你能在这里找到属于你的"心动款"	我们的新款 T 恤采用了高质量纯棉面料，既柔软舒适又吸汗，无论是搭配牛仔裤还是搭配休闲短裤，都能让你轻松自在，充满活力。为了回馈广大"粉丝"，主播给大家争取到了折上再九折的优惠

在文案运用方面，主播介绍产品或与用户交流时，面临的情况复杂多变。因此，主播需要依据不同的用户反馈、流量与氛围等情况灵活选择营销话术。

- 根据用户反馈调整。用户反馈，如评论、点赞等，是用户对主播、产品和整个直播间态度的直接体现。用户对产品表现出强烈的兴趣时，主播应抓住时机，进行深入介绍，甚至可以在小范围内调整直播计划，增加相应产品的展示时间。用户对产品的反应十分冷淡时，主播应改变介绍方式或转移话题。

- 根据流量与氛围调整。直播间流量出现高峰时，主播应抓住机会，推销热门产品或增强互动，以吸引更多用户进入直播间。这时，主播可使用激励性、感召性较强的语言。直播间流量较低时，主播可适当通过"引流"产品吸引用户等。

2. 简洁生动

用户在直播间停留的时间普遍较短，他们浏览直播时往往是"一瞥而过"。因此，直播营销文案力求简洁、精练，一针见血地表达产品或服务的关键卖点。相比之下，在常规营销活动中，商家有更多的时间详细介绍产品。

直播间的氛围应比较轻松，所以主播要使用生动、具有感染力的语言吸引用户的注意，提高其参与度。

3. 用户视角

虽然直播间具有较强的营销性，但用户有时只是出于好奇而进入直播间。因此，主播使用的直播营销文案需尽可能以用户视角推荐产品，从而缩短与用户的距离，赢得用户的认同和好感，并吸引用户下单购买。

4. 互动性强

主播介绍产品时会遇到来自直播间用户的各类问题，而直播间的氛围又能直接影响用户的感受和停留、购买意愿。因此，主播在直播时往往需要通过有效的话术与直播间用户进行互动，从而引导用户打消疑虑、放心购买。

- 关注用户需求，并以这些需求作为直播营销文案的核心，从而让产品或服务与用户需求相吻合，使其更容易引起用户的购买兴趣。我们时常在直播间听到主播询问用户"你是否遇到过……问题""你是否想要……""你是不是在寻找一个能够……的产品"，这些话术来自主播对用户需求的洞察。

- 有针对性地解决问题。直播营销文案要强调产品或服务如何解决用户的实际问题，所以主播应通过描述具体的使用场景，展示产品如何解决用户在生活中遇到的问题，或者怎样满足他们的需求。例如，"这款产品可以帮你……""它能解决你的……问题""利用它，你就可以轻松……"等。

- 强调用户体验。直播营销文案要将用户体验放在首位，所以主播可以使用诸如"试一试，你会发现……""咱们的老用户×××觉得……"的话术，让用户有如临现场的体验。

5. 利他性

直播间用户进入直播间时可能并未带有明显的消费目的，因此直播营销文案更需要在"利他性"上做文章，即通过强调用户的利益点引起用户的购买意愿，从而引导用户下单购买。

6. 情绪感染力

直播营销既是营销活动，也是娱乐活动。主播进行直播营销时应具有一定的"表演性"。这种"表演性"一方面通过主播声音、表情及形体动作传达，另一方面通过主播的营销话术传达。为了达到更好的营销效果，直播营销文案应具有较强的情绪感染力，从而激活用户的"情绪脑"，引导用户下单购买。

根据你平时观看直播的感受，谈谈你对直播营销文案的哪些特点印象较深。

1.1.3　直播营销文案的价值

2020 年至今，越来越多的线下门店、企业及品牌转战直播营销，直播营销呈现出一派生机盎然的景象。在直播营销中，直播营销文案的价值主要体现在：塑造价值、匹配价值与兑现价值[①]。

1. 塑造价值

直播营销文案既能塑造产品价值，也能塑造品牌价值。

- 产品价值。相关调查数据显示，超过 50%的用户选择直播购物的原因是"产品展示更直观、真实"。直播营销文案能够使用户快速了解直播间产品的使用效果或具体卖点。直播营销文案具有塑造产品价值的重要作用。

- 品牌价值。直播营销文案可以助力品牌通过直播实现品牌宣传触达，提升品牌与产品的渗透力，进而强化品牌价值。

2021 年 4 月 15 日，小米创始人雷军在微信视频号上开启了为期 7 天的直播，直播主题是测试小米新品折叠手机 MIX FOLD，并记录这款折叠手机的可折叠次数。这场直播让很多新用户知道了小米的这款新品折叠手机，也让这款折叠手机成为热点话题。这是一次较为成功的新品宣传活动。

2. 匹配价值

直播营销文案能高效连接用户与产品，从而匹配价值。

- 一个直播间可接待的用户数量远远超过线下导购场景，主播能在短时间内服务更多潜在用户，并运用营销话术挖掘用户的需求。

- 直播营销文案可以帮助用户节省挑选产品的时间。一方面，在用户不清楚该选择怎样的产品时，主播的推荐能帮助用户快速做出决策；另一方面，主播通过话术与展示动作，如试穿、试戴、试吃等，能省去用户查阅产品详情页的时间，迎合用户"图省事"等心理，降低用户的决策成本。这些能增强用户对产品的真实感知，提升其消费信赖感。

- 主播可根据用户的个性化需求，有选择地展示产品，并针对用户的核心需求着重强调产品的某些特点。

- 在直播间，用户容易因受到环境影响而产生消费行为。这种环境影响可能是基于"看到很多人都下单了"的"从众心理"，也可能是因"感觉主播使用这款产品的效果不错"而产生的"榜样效应"，还可能是因主播话术里的紧迫感而触发的"稀缺心理"感受。在直播间氛围下，恰当运用直播营销文案，更容易让用户产生消费欲望。

---

① 徐军. 活动策划与文案写作实用手册[M]. 北京：中国纺织出版社，2020.

3. 兑现价值

价值的兑现方式在直播间的体现就是产品成交。恰当的直播营销文案，能大大提高产品成交概率，让原本可能只是因为好奇进入直播间的用户在被吸引后下单购买直播间产品。

某头部主播经常在直播间灵活运用各类话术，并形成了自己的风格。其常用话术包括"×××自用款""所有听直播的女生辛苦了""给我买"等。一场直播下来，他使用的话术不仅有效传达了产品价值，还让直播间用户觉得"听下来很轻松，很享受"，不知不觉就被"种草"了。

> **课堂讨论**
>
> 观看一场直播并留意主播的营销话术，思考其直播营销文案在塑造价值、匹配价值、兑现价值方面起到的效果如何。

1.2 直播营销文案发展趋势

直播营销文案以抖音、快手、视频号等平台为传播主体，并随着直播平台、直播营销趋势的变化而变化。可预见的是，直播营销文案将朝着这三个方向发展：垂直化、规范化、多元化。

1.2.1 垂直化

"垂直"是指在某个领域纵深发展，运用于直播营销文案时会有以下主要表现。

1. 各新媒体平台直播营销文案的垂直

纵览各大新媒体平台与直播间，能发现即使出于同样的"带货"目的，各新媒体平台与直播间使用的直播营销文案也会呈现出不同风格。例如，有赖于"老铁经济"的快手直播间使用的直播营销话术接地气、感情色彩较浓；以图书为主要营销产品的当当直播间使用的直播营销话术富有文化韵味，主播的讲述节奏较慢。

即使直播平台普遍强调"平价产品""快节奏""密集营销"等特点，部分平台，如小红书，也凭借"文艺""慢直播"类的直播营销语言获得了一些年轻用户的青睐。小红书的主要用户群体为偏爱"轻奢"风格的"90后""00后"女性。小红书直播间的营销文案偏向"软萌"风格，如"超羡慕""伙伴们，给我冲"等；偏重营造美好生活氛围，如分享旅行见闻，描述产品如何提升生活质量等。小红书直播间对产品外形、包装等细节的描写较多，强调精致、小资情调，如"粉色薄荷糖似的包装，太赞了"。其"带货"产品偏向电子、美妆、食品等轻奢品类，价格偏向中端而非平价。

2. 各行业类目直播营销文案的垂直

各行业类目由于直播间用户、产品属性等的不同，在具体的直播营销文案设计上，也呈现出不同的特点。

例如，母婴类产品直播间的营销话术侧重突出直播间、主播、产品的可靠，不太适合使用"拼手速"等其他直播间惯用的直播营销话术；珠宝品类直播间则侧重珠宝鉴别、搭配知识讲解等；百货日化类直播间面向广大用户，使用的营销话术更侧重强调产品本身的功能、优势，以及通俗易懂的讲解方式。

随着直播用户的"分层""分流"，这一趋势还将不断增强。

3. 主播直播营销文案的垂直

从具体直播间来看，直播间的品类垂直化将成为一大趋势，同时，直播营销文案的垂直与风格化演变也将愈加明显。例如，抖音平台某头部主播探索出了独具特色的表演逗乐"带货"直播方式，直播间还结合各类小道具、直播间背景后方的"啦啦队"等强化直播间的热闹欢乐氛围。尽管主播对产品的讲解时间不长，但由于用户爱看其直播，这位主播的销售额依然非常可观。又如，淘宝平台某头部主播推出护肤课堂，其直播营销文案中穿插大量实用护肤技巧讲解，受到了用户的欢迎，吸引了一批忠实用户。

不同风格的文案可以突显不同的主播属性，丰富和维护主播人设，塑造出不同的人设。鲜明的人设利于增强用户黏性，因为用户更倾向于长期关注与自己有共鸣感的主播。同时，独具特色的文案能为主播塑造专业的个人品牌形象，获得更高的知名度。诸如"今天是个好日子""所有女生们辛苦了""不要担心，××学长教你"等经典口头禅，为主播塑造了鲜明的个人品牌形象，成为独特记忆点。

课堂讨论

选择一个产品类目，观看几场直播并留意主播的营销话术，归纳这些主播使用的直播营销文案的共同点与各自的特色。

1.2.2 规范化

当前，直播营销繁荣的背后也潜藏着一些问题，如虚假宣传、诱发互动、制造焦虑等。这会直接影响广大用户对直播营销的认知，也会影响直播营销行业的健康发展。随着行业规范的陆续出台和实施、各平台的自我管理及直播营销企业的自查，直播营销文案已日益规范。

1. 行业规范

为顺应市场的发展趋势、规范直播营销从业者的经营行为、满足用户对产品质量的要求，相关部门也在逐渐完善对直播营销行业的法律监管及规章制度。

2020年6月，中国广告协会发布《网络直播营销行为规范》（以下简称《规范》）。《规范》对直播营销活动中发布的内容提出了要求，明确要求直播营销话术应当全面、真实、准确地披露产品或者服务信息，依法保障用户的知情权和选择权；在网络直播营销中发布商业广告的，应当严格遵守《中华人民共和国广告法》的各项规定。《规范》第二十五条规定，主播应当保证信息真实、合法，不得对产品或服务进行虚假宣传、欺骗、误导用户。

2020 年 7 月，人力资源和社会保障部联合国家市场监督管理总局、国家统计局正式向社会发布包括"互联网营销师"在内的 9 个新职业（如图 1-10 所示），在"互联网营销师"职业下增设"直播营销员"工种，这标志着"带货"主播成为正式工种。

图 1-10　9 个新职业的相关报道

不同于过去的营销方式，以直播"带货"为主要形式的直播营销具有营销和交易双重属性，打破了原有的营销和交易两元分割的态势，导致原有的监管规则难以对其进行有效监管。为了解决监管难题，2020 年 11 月，国家市场监督管理总局发布的《市场监管总局关于加强网络直播营销活动监管的指导意见》明确列举了依据相关法律规定可以查处的网络直播营销违法行为。

2021 年 5 月，国家互联网信息办公室、公安部、商务部、文化和旅游部、国家税务总局、国家市场监督管理总局、国家广播电视总局等七部门联合发布的《网络直播营销管理办法（试行）》进一步规范了直播营销活动。

2023 年 7 月，国家互联网信息办公室发布了《关于加强"自媒体"管理的通知》。其中第 4 条强调了"加强信息真实性管理"的要求，第 7 条强调了"规范账号运营行为"的要求，并明令禁止"蹭炒社会热点事件"等不合规行为，鼓励"自媒体"生产高质量内容。

2. 平台管理

随着直播营销的快速发展，各直播营销平台也对其加强了监管，推出了相应的规范文件。

淘宝平台于2022年8月开始实施的新版《淘宝直播管理规则》，对主播营销话术进行了更严格的规定，明确"设定霸王条款、不合理条件"（如"不关注不发货"等）属于不正当竞争等。

《2022抖音直播平台治理白皮书》介绍了抖音平台对直播营销的管理。其中的公会健康分制度规定，直播中如有诱导过度消费等不当言行，会遭到一次扣除10分的处罚。该制度规定的惩治措施如表1-2所示。

表1-2　抖音公会健康分制度

分值范围	71~80	61~70	51~60	0~50
惩治措施	予以警告并约谈整改	暂停公会结算权限1个月并公示通报	扣除当月公会收益并公示通报	进行清退处理并公示通报

3. 企业自查

直播营销相关企业也进一步加强了对直播营销的管理。

2021年5月21日，美腕（上海）网络科技有限公司发布了直播电商行业首个企业标准《直播电商商品质量与合规管理规范》。该文件严格规范了主播的营销话术，要求"宣传合规、展示合规"，不允许使用极限词，并配置场控进行监控和及时纠错。

随着直播营销的规范化，直播营销文案也将在规范中日益完善。

课堂讨论

思考直播营销文案的规范化会给直播带来哪些影响，并和老师、同学交流一下。

1.2.3　多元化

随着直播的发展和用户的扩大，直播营销文案的多元化特征越来越明显，主要体现在以下几个方面。

1. 形式多样化

直播可以采用不同的形式，如单人直播、多人直播、综艺直播、发布会直播等。单人直播适合主播进行自我展示、产品推广，可以使用第一人称导购式话术。多人联播可增加互动性和趣味性，可以按照角色分类来使用话术，如主播间的互动问答等。综艺类直播多使用互动性、趣味性较强的话术。发布会直播需要主播提前准备讲稿，使用的话术偏专业、正式。总而言之，营销话术可根据不同直播形式进行调整和优化。

图1-11展示了两种不同形式的直播。

图 1-11　两种不同形式的直播

2．用户多元化

中国互联网络信息中心发布的第 52 次《中国互联网络发展状况统计报告》显示，截至 2023 年 6 月，我国网络视频、短视频用户规模分别达 10.44 亿、10.26 亿。随着用户规模的扩大，用户需求的多元化趋势也越来越明显。

艾媒咨询发布的《2022 年中国直播行业发展现状及市场调研分析报告》显示：72.0% 的直播用户对直播间内容的种类多、选择丰富感受明显；75.5% 的用户表示常观看娱乐类直播，73.6% 的用户表示常观看生活类直播；其他类型的直播，如体育类、电子经济类、新闻类、教育类等，也颇受欢迎；轻松幽默、展示多元生活的直播迎合了年轻人对纾解压力、追求多样化生活的需求。图 1-12 所示为艾媒咨询公布的"2022 年中国直播用户画像"。

同时，随着直播间用户群体的壮大，直播间营销文案也开始有针对性地根据不同用户群体的需求和偏好进行设计，形成了不同的风格。各行各业向直播行业主动靠拢的同时，也为直播间带来了各类兴趣圈层的用户。例如，人民文学出版社在 2022 年和 2023 年新年推出的"文学跨年夜直播"，通过名家对谈、名作朗读与主持人串讲等，吸引了大批喜欢文学的读者涌入直播间。

3．风格多元化

随着直播间用户群体的扩大，直播营销文案的风格更加多元。

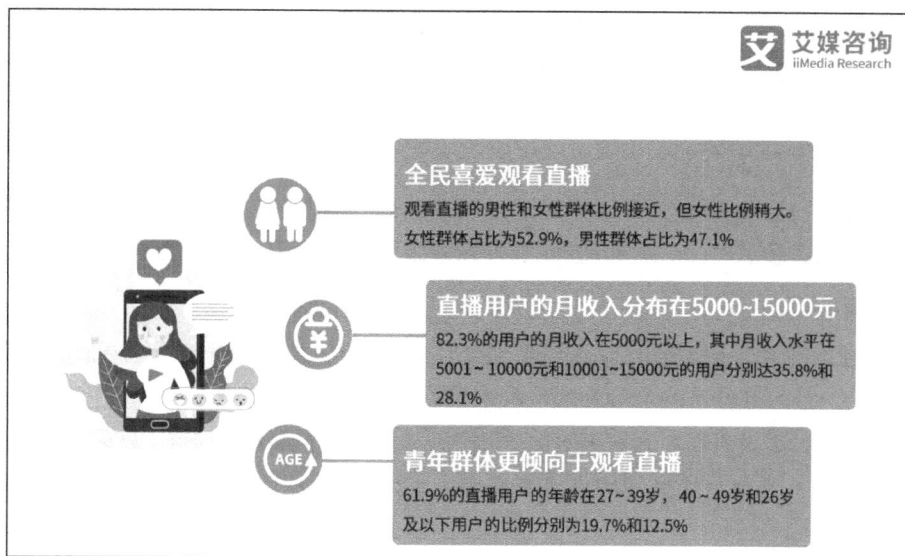

图 1-12　2022 年中国直播用户画像

《2022 抖音直播平台治理白皮书》显示，2021 年，抖音直播传统文化类主播收入同比增长 101%，以传统知识文化输出为主的直播形式获得了众多平台用户的认可和喜欢。2022 年，"东方甄选"直播间一位主播因浪漫、充满情怀的直播语言而走红。其部分经典文案如下。

当你背单词的时候，阿拉斯加的鳕鱼正跃出水面；当你算数学的时候，南太平洋的海鸥正掠过海岸；当你晚自习的时候，地球的极圈正五彩斑斓。但少年，梦要你亲自实现，世界你要亲自去看。未来可期，拼尽全力。当你为未来付出踏踏实实努力的时候，那些你觉得看不到的人和遇不到的风景，都终将在你生命里出现。

我没有带你去看过长白山皑皑的白雪，我没有带你去感受过十月田间吹过的微风，我没有带你去看过沉甸甸地弯下腰，犹如智者一般的谷穗，我没有带你去见证过这一切，但是，亲爱的，我可以让你品尝这样的大米。

第一则文案化用了某店铺的经典文案，鼓励年轻人勇于追梦；第二则文案用诗化的语言，赋予了直播间售卖的大米非同一般的情感价值。这些文案显然与常在直播间出现的"短平快"的文案迥然不同。好的直播营销文案，更有直击人心的力量。

将来，这样独具特色的直播间会越来越多。

课堂讨论

根据你对直播间的观察，说说直播营销文案的多元化有哪些具体表现，试举几例。

1.3　直播间营销话术规范

直播间营销话术应用性强，对直播间营销效果有直接、显著的影响。主播在使用直播间营销话术时，应当加强规范意识，避免因话术不当给品牌方、直播间、用户和自己带来不利影响。具体而言，主播应当遵守以下规范。

1.3.1　真实许诺

直播间营销话术应当力求真实、客观，不得夸大产品或服务的功能和效果，不得误导用户。主播应当实事求是，不得使用虚假宣传和欺诈手段，给用户造成负面影响。

1. 真实可信

主播在直播中应确保自身话语的真实性，不得对产品或服务做出夸大或虚假的宣传。

违规话术："这款产品全网销量第一，绝对是市场上最好的选择！"

话术分析：该话术夸大了产品的销量和优势，可能是虚假宣传，违背了真实性原则。

合规话术："这款产品在市场上很受欢迎，它的性能和质量都通过了严格测试，是我们推荐的优质产品。"

2. 明确具体

主播应在直播中讲明产品的功能和用途，避免误导用户。在直播过程中，主播应当讲清楚直播间产品的名称、产地、材质、规格型号、质量、价格、服务承诺、物流等信息，不应刻意掩盖产品缺点或故意遗漏重要信息。

主播介绍产品时使用的数据、统计资料、调查结果、引用语等引证内容应当真实、准确，有明确出处。如有需要，主播可在讲解时展示相关证书、报道截图等。

违规话术："我们产品的使用效果非常惊人，用户满意度为 100%！"

话术分析：该话术使用了夸大的言辞和没有具体来源的数据，缺乏真实性和准确性。

合规话术："这款产品有很好的使用效果，用户对它的评价非常高。大家可以参考一些用户的评价和使用经验来了解它的实际效果。"

3. 信守承诺

主播如果在直播中许下承诺，如赠送产品或服务，就应当明示赠送的产品或服务的类型、规格、数量等，并在事后兑现承诺。无法兑现的承诺，应避免提及。

违规话术："大家购买这款产品后，我会送大家一个豪华旅行套餐，让大家全程享受贵宾待遇！"

话术分析：该话术虽然承诺赠送用户"豪华旅行套餐"，但没有具体说明这个旅行套餐的类型、价格、兑付期限等，也没有说明确切的兑现计划。这种虚假的承诺会损害直播间、主播、品牌在用户心中的形象。

合规话术："购买这款产品后，您将获得我们精心准备的一套赠品。每套赠品里都有一包湿纸巾和一袋洗衣液。礼物虽轻，却是主播的一片心意哦。"

课堂讨论

观看一位头部主播的一场直播，说说他是如何做到"真实许诺"的。

1.3.2 有效互动

直播营销话术对直播间的氛围、营销效果等影响颇深。主播在使用直播营销话术时，应当遵守有效互动的规范，灵活运用直播营销话术。

1. 灵活选择

直播营销话术并不是一成不变的，需根据直播间用户的需求和偏好、直播间的人数和氛围、直播间用户的反馈、直播的流程阶段等选择合适的表达方式和语言风格。

2. 简洁明了

直播营销话术应简洁明了，避免使用过多的专业术语或长篇大论。

3. 多元互动

直播营销话术应注重与用户的互动，可使用包括提问、回答、互动问答、抽奖等互动方式提高用户参与度，改善用户体验。

4. 增强感染力

主播在使用直播营销话术时，可通过引用名人名言、化用俗语、刻意强调、运用排比及比喻等多种语言技巧，配合自己的面部表情、肢体动作、语音语调语速等，增强话术的感染力。

经验丰富的主播会根据不同的场景表现出不同的状态，如表 1-3 所示。

表 1-3　不同场景下主播的不同状态

场景	主播的状态
开场（打招呼，介绍直播主题）	兴奋、热情
产品展示，讲解产品	专注、热情
引导用户参与互动、答题等	激动、诚恳
遇到用户提问或提出异议	专注、耐心
推销产品，吸引用户购买	热情、坚定
遇到技术问题，如断流、卡顿等	冷静、道歉
接近直播结束，总结回顾	感谢、期待
直播结束	感激、温馨

5. 富有逻辑性

直播间营销话术应富有逻辑性。主播在直播过程中应合理有序地介绍产品或服务等。

介绍产品的基本流程是：为用户展现产品全貌；逐步深入地介绍产品的各个细节，如从产品的外观、质地开始介绍产品的功能和用途；谈及产品的特点、优势和价格优惠等。

有的主播会先引出用户可能对产品或服务的疑问，再提供解决方案，这种方式能够直击用户需求，引起共鸣。有的主播会先介绍产品的卖点，再一一介绍其他内容，这样能够在一开始就抓住用户的注意力。主播还可以利用讲故事的方式引出产品，水到渠成地介绍产品卖点等。

选择一位自己喜欢的主播，向老师和同学介绍这位主播所使用的营销话术中的互动技巧。

1.3.3 内容"脱敏"

直播营销话术必须符合国家法律相关规定和平台的具体要求，因此主播应杜绝以下内容。

1. 敏感政治话题

主播不得在直播中讨论敏感政治话题，包括但不限于涉及国家领导人、国家政策、国家安全、国家重要事件等敏感话题，也不得在直播中使用国家机关工作人员的信息。

2. 低俗、暴力、迷信

主播不得在直播中谈论色情、低俗、暴力、血腥、恐怖、迷信等不良内容。

3. 违法犯罪

主播不得在直播中宣传赌博、贩卖违禁品、传销等违法犯罪行为。

4. 虚假、欺诈

主播不得在直播中散布虚假信息、误导用户，或进行欺诈行为等。

5. 歧视、偏见

直播营销话术不得含有民族、种族、宗教、性别歧视或妨碍社会公共秩序或违背社会良好风尚的内容。

6. 诱导、刺激消费

主播不得使用诱导、刺激消费的话术，如"不会再便宜了""万人疯抢""抢疯了"。如需提醒用户产品库存不多，可进行库存报数，如"还有最后 10 份，请大家抓紧时间……"

7. "级词"、断言

直播营销话术应避免使用"最高级""国家级""最佳"等级词。主播不应断言直播间销售的产品"终身不坏""世界第一""100%有效"等。商家若想展示产品的销量或质量，可请主播在直播中列举有据可查的相关数据、资料、报告等，如产品销量截图、荣誉证书、质检报告、用户好评截图等。

8. 侵犯权益

主播不得侵犯他人的知识产权、人格权、隐私权等权益，也不能贬低其他直播间的主播、产品或服务等。

9. 涉嫌引流

主播不可在直播平台中提及私人联系方式，如电话、QQ 号、微信号等。同时，主播也不宜提及直播平台外的其他平台，以免使系统误认为自己在向其他平台引流。如果希望与用户进一步交流，主播可引导用户加入平台的"粉丝群"等。

总之，直播营销话术须规避以上内容，做到既能吸引用户关注，又能够保护主播、直播间及品牌的形象和利益。

课堂讨论

与老师和同学聊一聊，在引导直播行业健康发展方面，主播有哪些责任。

课后习题

1 直播营销文案的发展有赖于哪些条件？

2 简述直播平台电商化的历程。

3 简述直播营销文案有哪些主要类型。

4 分别就货架电商、兴趣电商、社交电商谈谈你的理解和感受。

5 直播营销文案的价值主要体现在哪几个方面？

6 直播间营销话术规范有哪些？

PART 02

第 2 章
直播营销文案写作要点

知识目标
（1）了解直播营销文案的构成要素。
（2）了解直播营销文案的三种类型。
（3）了解直播脚本的结构。

素养目标
（1）践行社会主义核心价值观，培养具有社会责任感的新时代直播营销文案写作者。
（2）提升直播营销文案创作能力，引领社会风尚。

2.1 直播营销文案的构成要素

直播营销借助网络直播平台，以现场直播的形式，通过主播的引导、产品展示等，实现营销品牌、推广产品、促进销售等目的。撰写直播营销文案前，先了解直播营销文案的构成要素，考虑如何将其进行有选择性的组合，有助于将这些要素融入直播营销文案，最终使直播营销达到更佳效果。

直播营销文案的构成要素主要包括直播主题、直播时间、产品卖点、直播人物、直播形式。

2.1.1 直播主题

直播主题是直播营销中非常重要的一环，能直接影响直播间的用户数量、直播内容、直播整体效果等。

1. 直播主题的含义

直播主题是指为某场直播选择的核心话题。直播主题可以是产品、行业知识，也可以是娱乐互动等方面的内容，通常需要根据直播的目的、产品特点、用户需求等多个因素来确定。

通过选择合适的直播主题，商家可以吸引目标用户的注意力，提高用户的参与度，也可以有效传达品牌形象、推广产品或服务，并实现营销目标。

2. 直播主题的特点

直播主题的主要作用是吸引用户进入直播间，具有针对性、时效性、独特性、实用性等特点。

（1）针对性

直播主题需针对直播营销活动的具体推广目的、具体产品和具体用户群体等因素进行设计，以满足用户的需求和期望，并获得预期的直播营销效果。

① 针对具体推广目的。

对于不同的推广目的，主播可采用不同的方法和策略来实现目标。常见的推广目的及对应的直播主题示例如表 2-1 所示。

表 2-1　常见的推广目的及对应的直播主题示例

推广目的	说明	直播主题示例
日常"种草"	引导用户了解相关产品或服务，激发兴趣	美食分享：我的厨房新宠
新品推荐	展示新推出的产品或服务，引起用户的关注和好奇心	时尚穿搭秀：春季新品发布
大型促销	宣传大促活动，突出活动的特殊性和价格优势等，吸引用户参与	年中购物狂欢，超值特惠等你来
清仓甩卖	促进产品销售，释放库存，提高销售额，需强调产品的优惠价格和数量有限的特点等	×××让利特卖，只剩最后 500 件
品牌宣传	塑造品牌形象，扩大品牌影响力，吸引潜在用户，培养用户的忠诚度，可介绍品牌的核心理念、独特卖点和品牌故事	性价比的背后：×××的自我迭代与创新

② 针对具体产品。

针对产品本身设计直播主题时，可从多个维度出发，以突出产品的特点和优势，激发用户兴趣。

● 产品功能介绍：突出产品的各项功能、用途或操作方法，展示产品的使用效果，提供实用的技巧和建议。示例如下。

直播主题：×××智能家居，让你的生活更便捷。

● 产品对比评测：收集众多同类产品进行对比，整理出它们的差异，为用户提供客观的测评信息和选购建议。示例如下。

直播主题 1：电动牙刷测评直播。

直播主题 2：除螨仪真实测试。

图 2-1 所示为一位主播在直播间现场测试两款洗地机的清洁效果。这类直播可吸引有

较强购买意愿、希望进一步了解产品性能的精准用户。

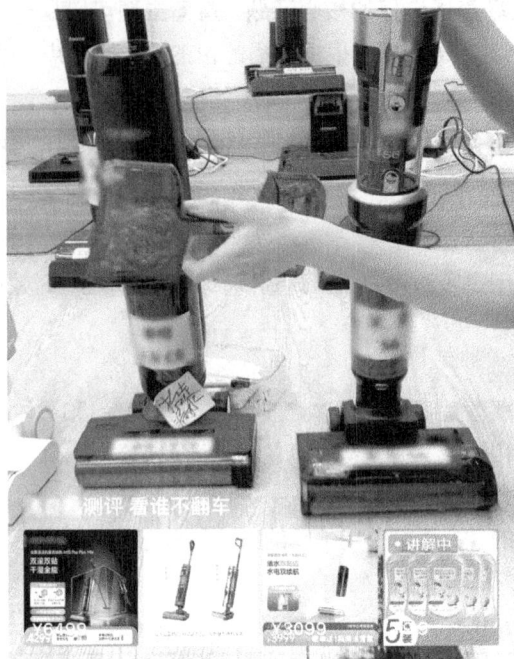

图 2-1 某主播现场测试两款洗地机的清洁效果

③ 针对具体用户群体。

直播主题还可从用户的兴趣、需求和偏好等出发，设计有针对性的内容，以吸引用户的关注和参与。

- 年龄群体：根据不同年龄段用户的特点，设计有针对性的直播主题。例如，同样是服装类直播，面对不同年龄段的用户，使用的直播主题侧重点通常会有一定差异。

面向 20～29 岁群体：主题可以是"花样青春，超酷穿搭"；在直播中展示时尚、活力、青春的服装款式，强调年轻人的时尚态度和个性化穿搭风格。

面向 30～49 岁群体：主题可以是"品质服装，精致生活"；在直播中展示高品质、经典、典雅的服装款式，强调成熟稳重的穿搭风格。

面向 50 岁及 50 岁以上群体：主题可以是"品质服装，高性价比"；在直播中展示优质、舒适、耐穿的服装款式，强调实用性和性价比。

- 兴趣爱好：根据用户的兴趣爱好设计直播主题。仍以服装类直播为例进行说明。

面向运动爱好者：主题可以是"运动时尚，展现活力"；在直播中展示运动装备、运动服饰，强调运动时尚的潮流趋势和舒适性能，满足运动爱好者的需求。

面向时尚达人：主题可以是"本季时尚趋势和精致单品"；在直播中展示时尚设计师设计的服装款式，强调独特性和个性化，满足用户对时尚趋势的追求。

- 地域特点：根据主要用户所在地域的特点，如气候、饮食习惯等，设计直播主题，比较适用于用户地域集中度较高的直播间。图 2-2 所示为某服装类直播间用户画像。由于湖北省的用户占比为 15.58%，直播主题可针对该地域的湿热特点，围绕"吸湿排汗，清凉一夏"等进行设计。

图 2-2　某服务类直播间用户画像

• 职业群体：根据用户的职业特点来设计直播主题。这种方式也能有效吸引用户的注意。图 2-3 所示为某直播间的用户画像。由于该直播间的用户以白领为主，所以直播主题设计可从如何满足白领人群的需求出发。

图 2-3　某直播间用户画像

一场美妆类直播，如果用户分别以大学生、白领、服务业从业人员为主，则可参考以下直播主题设计方式。

直播主题 1：轻松打造活力"学生妆"。

直播主题 2：快速打造职场精致妆容。

直播主题 3：打造清新自然底妆，持妆可达 10 小时。

（2）时效性

直播主题的时效性是指直播主题在当前时间段或特定时间段内的热度和适用性。由于时事和流行趋势不断变化，直播主题需具备时效性，如能与直播时的热点等产生关联，就可吸引更多用户。

• 热门话题。选择当前热门的话题作为直播主题，能让用户感到亲切，还能"蹭"到一些热度。当某部电视剧或某位演员被大家广泛关注时，主播可以结合相关话题来开展直播，提高直播间的曝光度和用户的参与度。示例如下。

世界杯赛事期间的相关体育用品主题直播。

- 季节性话题。根据季节或天气变化设计直播主题，也能引起用户的共鸣和兴趣。示例如下。

直播主题1：夏季不得不用的"清凉解暑妆"。

直播主题2：新春佳节，谁能拒绝"拜年妆"？

- 重大营销节点。借助特定时间段内的重要营销节点，营造"促销"氛围，也能吸引用户参与活动和购买产品。这些节点包括电商营销节点、平台营销节点、行业营销节点等。

电商营销节点，如"5·20""6·18""双十一""跨年夜""年货节"等。大多数用户已养成在活动期间购买产品的习惯，有的用户会在这些时间段内集中消费。

平台营销节点，如"抖音好物节""京东电商节""当当图书节"等。

行业营销节点，如9月开学季、国际啤酒节、服装行业的季度新品发布会等。

（3）独特性

直播主题应该具有独特性，能与其他直播间、与过往的直播场次区分开来，从而吸引更多的用户。

- 创新互动形式：引入新颖的互动形式或游戏机制，吸引用户参与，并以此作为直播间的一大亮点。示例如下。

直播主题1：和主播一对一"连麦"，主播帮你做账号诊断。

直播主题2：一对一心理连线，讲出你的烦恼。

- 特殊场景设置：打造特殊的直播场景，营造独特氛围，吸引用户的注意力，并衬托出产品卖点。示例如下。

直播主题1：×××品牌户外冲锋衣专场，沙漠直播！

直播主题2：神农架雪地直播，快来和我一起滑雪吧！

- 引入特殊嘉宾等：邀请知名人士、专家学者、行业领袖等作为特殊嘉宾或合作伙伴参与直播，增强直播的独特性和权威性。特殊嘉宾可以提供专业知识、进行经验分享等，从而吸引更多用户并获得他们的信任。示例如下。

直播主题1：对话秋叶大叔，畅聊AIGC（人工智能生成内容）未来趋势。

直播主题2：育儿专场，著名育儿专家×××空降直播间。

（4）实用性

直播主题应对用户有实际作用，即应为用户提供有价值的信息、知识或技能，帮助他们解决问题、提升能力或获得实际收益等。

实用性的直播主题可以通过以下方式体现。

① 提供实用的技巧、方法或策略，帮助用户解决实际问题。示例如下。

直播主题1：如何有效管理时间，提高工作效率。

直播主题2：×××健康饮食与运动计划分享会。

② 分享某个行业的专业知识和经验，帮助用户学习和成长。示例如下。

直播主题1：指数基金入门指南。

直播主题2：人像摄影入门指南。

③ 提供实际案例、教程或演示，让用户能够在家进行实践和应用。示例如下。

直播主题 1：如何在家制作美味蛋糕？×××现场教你做蛋糕。

直播主题 2：家居装饰：手工制作演示分享。

④ 为用户提供个性化的建议，满足他们的具体需求。示例如下。

直播主题 1：专家一对一解答常见的育儿问题。

直播主题 2：×××老师心理疏导直播：关于缓解焦虑与压力的建议。

⑤ 鼓励用户参与互动，分享自己的经验或观点。示例如下。

直播主题 1：整理收纳会为自己带来哪些变化？×××用户分享心得。

直播主题 2：×××用户真诚分享写书技巧与新书打榜策略。

使用实用性强的直播主题，有助于培养用户的忠诚度，提高直播的影响力和口碑。同时，实用性的直播主题也有利于提高直播的转化效果等。

3. 直播主题的设计要点

基于以上直播主题特点，在设计直播主题时，需着重考虑以下几点。

（1）明确推广目的

直播主题设计者首先应明确推广目的，确定要传达的核心信息。如果直播营销活动的目的是提高销量，那么直播主题中的核心信息可以是五折促销等。

（2）全面了解产品属性

直播主题设计者需充分掌握产品资料，从产品的属性、特点、优势和针对人群等方面提取有效信息，并将其加入直播主题。示例如下。

宝妈速看！让孩子吃出健康和营养。

（3）捕捉热点话题

直播主题设计者需从当时的节日氛围、节日话题等方面提取有效信息，并将其加入直播主题。示例如下。

国庆节户外游特惠专场。

（4）进行竞品分析

直播主题设计者需结合对竞品直播间及直播场次的观察，分析竞品直播间的情况，进而分析出自身优势，如安全可靠、厂家直供、量大从优等，从而梳理出独特的直播主题。示例如下。

红木家具厂商批发价特卖场。

（5）了解直播平台

直播主题设计者需根据不同的直播平台特点，确定合适的直播主题。例如，抖音直播注重优惠福利和购买氛围，淘宝直播注重产品讲解等。示例如下。

抖音平台主题：3000 多人围观，"6·18"提前购热卖口红。

淘宝平台主题："6·18"防晒护肤专场。

（6）拆解用户画像

直播主题设计者需结合直播间用户画像的特点，如用户的性别、年龄、地域、职业等，重点关注用户的兴趣、购买品类等信息，梳理直播主题。示例如下。

职场穿搭，穿出气质。

某美妆品牌想在妇女节当天开展一场直播。以下是几个可行的直播主题方向。

① 妆容技巧分享：邀请美妆主播或该品牌的美妆师进行妆容技巧分享，演示如何利用该品牌的产品打造不同场合的妆容，吸引用户关注和下单。

② 产品推荐体验：围绕该品牌的新产品进行发布会直播，邀请普通工作人员在直播间参与试用，让用户更加了解和信任该品牌产品。

③ 女性话题讨论：邀请女性权益活动组织者或社会名人等进行女性话题讨论，强化品牌在女性权益方面的形象。

请从以上三个直播主题方向中选择一个你最感兴趣的方向，拟出直播主题。

2.1.2 直播时间

直播时间是直播营销中非常重要的一环，直接关系直播的用户数量、观看率和转化效果等。选择直播时间时，应考虑以下因素：用户习惯、直播主题、行业特点和直播平台。

1. 用户习惯

首先要考虑用户习惯，应根据用户的工作、生活、娱乐等时间段分布情况选择适合用户观看的直播时间。例如，适合上班族的直播时间可以安排在 19:00 以后，适合学生的直播时间可以安排在周末的下午。如果想把直播时间固定在某个时间段，那么需要根据这个时间段的用户特点来撰写直播营销文案，以提高用户的参与度和转化率。

2. 直播主题

根据直播主题的性质和特点，选择合适的直播时间。例如，化妆品、服装等消费品直播可以安排在周末和节假日，教育、培训类直播可以安排在晚上和周末。

不同直播时间段的特点分析如表 2-2 所示。

表 2-2　不同直播时间段的特点分析

日期	时间段	分析
工作日	上午场：6:00~9:00	由于用户多为正在上下班路上的人或者留在家中的人，所以主播推荐的产品不求专而精，可以多而杂，以满足多样化需求，宜以平价日用品或快消品为主。讲解节奏可稍微快点
	中午场：11:00~14:00	由于用户以家庭主妇等为主，所以主播可以将平价日用品作为主打产品。讲解节奏可以稍微慢点
	下午场：15:00~17:00	由于用户包含家庭主妇、学生等，所以主播适合推荐平价快消品、日化、美妆等产品。讲解节奏适中即可
	夜间场：19:00 以后	这个黄金时间段适合直播经验丰富、人气高的主播开展直播，也适合做某个主题的大型专场。客单价可以稍微提高

续表

日期	时间段	分析
周末	中午场： 10:00～13:00	这个黄金时间段适合人气高的主播开展直播。客单价可以适当提高
	下午场： 15:00～17:00	由于用户画像较多元，消费意愿一般，所以主播推荐的产品不求专而精，可以多而杂，以满足多样化需求。客单价不宜太高
	夜间场： 19:00 以后	这个重要时间段应选择成熟主播，宜给用户提供足够的优惠、福利

3. 行业特点

根据不同行业的特点，选择合适的直播时间。例如，餐饮、娱乐等行业可以选择在晚上和周末直播，金融、科技等行业可以选择在工作日的白天直播。

4. 直播平台

根据不同的直播平台特点，选择合适的直播时间。例如，B 站的用户多为年轻人，在晚上观看直播的概率会较大；淘宝直播的用户多为购物用户，一般会在购物高峰期观看直播。

总而言之，需根据用户习惯、直播主题、行业特点和直播平台等因素综合考虑直播时间，以提升直播的效果；也要注意避开其他同行业或同类型的直播营销活动时间，以免因互相竞争而降低观看率和抬高流量投放成本。

课堂讨论

某女装品牌打算在 1 月份组织一场时长为 5 小时的羽绒服专场直播。工作人员计划在以下 3 个可能的直播时间段选择 1 个进行直播：周六 13:00～18:00；周二 18:30～23:30；周二 12:00～17:00。你觉得选择哪个时间段更适合，原因是什么？

2.1.3　产品卖点

直播间产品会直接影响观看用户数量、转化率等，直播营销文案对产品卖点的提炼也会影响最终的营销效果。对此，撰写直播文案需要注意以下几个要点。

1. 突出产品特点

直播营销文案应突出产品的特点和卖点，所以可以从产品的功能、品质、材料、使用方法等方面进行描述，让用户了解产品的独特性和优势。

2. 强调产品优势

直播营销文案应强调产品与其他同类产品的区别，让用户了解产品的优势，提高用户的购买意愿。

3. 以用户为中心

直播营销文案应以用户为中心，描述产品对用户的价值和作用，引导用户从自身需求出发考虑产品是否适合自己，从而增强用户对产品的信任。

4. 描述体验感受

直播营销文案可借用已使用用户的真实评价和使用体验，让用户了解产品的真实效果和使用感受，增强用户对产品的购买意愿。

5. 突出促销信息

如果直播间有促销活动，直播营销文案就要突出促销信息，让用户了解优惠力度和活动时间，引导用户下单购买。

课堂讨论

　　观看一场你喜欢的主播的"带货"直播，留意该主播所使用的直播营销文案在介绍产品卖点时有什么特色，并与老师和同学进行分享。

2.1.4　直播人物

主播是直播营销中十分重要的因素。不同的主播具有不同的性格、风格和特点，直播营销文案需要根据不同主播的风格来撰写。主播对直播营销文案的影响主要体现在以下三个方面。

1. 语言风格

不同主播的语言风格不同。有的主播比较幽默，会在直播营销文案中增加一些有趣的"段子"；有的主播在推荐产品方面十分专业，会在直播营销文案中深入阐述产品卖点，以便结合自己的特点介绍产品。直播营销文案的语言风格需要根据主播的风格来选择。

2. 推销方式

不同主播在推销产品时使用的方式有所不同。有的主播更强调产品的功能和性能，有些主播更注重产品的价格优惠力度。直播营销文案的推销方式需要根据主播的特点来调整。

3. 互动方式

不同主播的互动方式有所不同。有的主播善于在直播过程中不断跟粉丝互动，有的主播习惯在产品展示和演示结束后与粉丝互动。直播营销文案的互动方式需要根据主播的特点来调整。

直播营销文案根据主播的特点来撰写，有助于主播更好地展示产品的特点和卖点，提高用户的购买意愿，达到更好的营销效果。

课堂讨论

　　选择你喜欢的两位同品类主播，比较他们在语言风格、推销方式、互动方式等方面的不同。

2.1.5　直播形式

直播形式包括"带货"直播、综艺直播、发布会直播、销讲直播等多种形式，每种形式对直播营销文案的要求不尽相同。直播形式直接决定直播营销活动的整体呈现方式，所以撰写直播营销文案时，应根据直播形式考虑以下三个方面。

1. 文案结构

不同直播形式对内容呈现、用户互动和直播流程有不同要求，这些不同要求会影响直播营销文案的结构设计。如果直播营销活动设置了多个环节，如开场、嘉宾访谈、用户互动、抽奖等，那么直播时间就可能比较长，直播营销文案在结构安排方面需要更加丰富和注重层次，让直播间用户保持较高的关注度。反之，如果直播只是简单地演示或者介绍某个产品或服务，那么相应的直播营销文案结构设计会更简单，如以介绍产品为主，适当增加互动。

2. 内容侧重

直播形式影响直播营销文案的内容构思和设计。如果直播涉及抽奖活动，对应的直播营销文案就需突出奖品的价值和吸引力，同时需要介绍抽奖环节的形式和规则，引导用户参与互动。

3. 文案风格

如果直播内容偏向娱乐、轻松，对应的直播营销文案就应该偏向幽默、诙谐；如果直播内容偏向知识、技能，对应的直播营销文案就应该偏向专业、精准。

> **课堂讨论**
>
> 你平常关注较多的直播形式有哪些？试分析其直播营销文案的优势和劣势。

2.2　直播营销文案的三种类型

根据形式的不同，直播营销文案可以分为以下三类：人设型、"带货"型、活动型。

2.2.1　人设型直播营销文案

人设型直播营销文案通过鲜明、稳定的主播人设塑造一种美好生活形象，传递正面、积极的价值观，继而围绕主播"人设"推荐相关产品，引导用户消费，从而实现商业变现目的。

1. 人设型直播营销文案的特点

此类直播营销文案的特点主要体现在以下三个方面。

（1）塑造美好生活形象

塑造美好生活形象是人设型直播营销文案的重要特点之一。此类文案通过描述主播的生活方式、独特经历、个性、价值观等，为其营造美好生活形象，可有效吸引用户的关注。例如，某主播在直播中经常展示自己的生活状态、保养皮肤的方法等，吸引了大量女性用户的关注。此类文案不仅可以让用户看到产品的效果，还可以让用户感受到一种美好的生活态度，从而更容易被吸引和打动。

（2）传递正面、积极的价值观

人设型直播营销文案通过传递正面、积极的价值观来影响用户的消费决策。主播的话语、行为等都会影响用户的情感，当主播的言行传递出积极向上的态度时，用户往往会更愿意相信主播推荐的产品。主播在直播中经常传递的正能量和积极生活态度，会影响用户进而激发他们购买产品的欲望。

（3）围绕主播人设推荐产品，实现商业变现

直播营销的最终目的是实现商业变现，人设型直播营销文案将相关产品与主播的形象、生活联系起来，能有效引导用户消费。用户认同并信任主播后，会更容易接受主播的推荐，并购买主播推荐的产品。

在这个过程中，主播的形象和性格特点也起到了重要作用。当主播的形象和性格特点与产品相契合时，用户更愿意相信产品，如在推荐好书方面，知识主播比"带货"主播更有说服力。当主播的形象或性格特点与产品不匹配时，用户则可能对产品产生怀疑，从而降低购买意愿，如某集团高管担任主播推荐廉价产品，并不能赢得用户的信任。

图 2-4 所示为某文艺型主播。该主播的主要标签是文艺、好学、上进，她白天直播学英语、练瑜伽等，展示健康、积极的生活方式，晚上在直播间"带货"。"带货"时，她身着碎花裙，扎麻花辫，拎着田园风格的手提包，这很符合她的人设，也更易吸引喜欢文艺、田园、精致风格的用户。

图 2-4　某文艺型主播

2. 人设型直播营销文案的价值

人设型直播营销文案的价值在于提高品牌曝光度、增加产品吸引力、提高产品销量，让主播"人设"拥有商业价值。

（1）提高品牌曝光度

人设型直播营销文案能够通过主播的人气和"粉丝"数量提高品牌的曝光度。随着直播行业的发展，直播间用户数量不断攀升，选择适合品牌的主播进行直播营销，能够将品牌的知名度和曝光度提高到一个新的高度。

示例如下。

在某大型个人护理集团旗下的美妆品牌直播间，主播通过分享自己的化妆技巧及展示品牌的产品特点，吸引了大量用户，并且通过直播实时回答用户的问题，拉近了品牌与用户之间的距离，提高了该品牌的曝光度。

（2）增加产品吸引力

人设型直播营销文案需要借助主播的个人形象和性格特点来推销产品，因此主播可以以自己的口吻和方式讲解产品特点，让用户能够更加深入地了解产品，并在主播的推荐下产生购买兴趣。

示例如下。

某主播在其直播间经常与用户分享自己的生活习惯、生活技巧等内容，吸引了大量女性用户。她推荐的产品不仅品质高，还能够满足用户的生活需求，因此获得了大量的关注和好评。

（3）提高产品销量

通过主播的形象和性格特点来推销产品，能够在一定程度上提高产品的销售量。用户对主播产生信任和认同后，再听完主播对产品的讲解和推荐，就更容易被说服购买该产品。

示例如下。

在直播间，某主播经常强调自己亲身体验了所推荐的产品，对产品的优缺点进行详细解说，强调个人意见和看法，增强了用户对产品的信任度和购买欲望。该主播温和亲切，善于和用户互动，这样的人设不仅提高了直播间用户的参与感和忠诚度，也让用户更好地接受她的推荐，从而提高产品销量。

图 2-5 所示的留言截图很好地说明了用户愿意为主播人设买单这一事实。

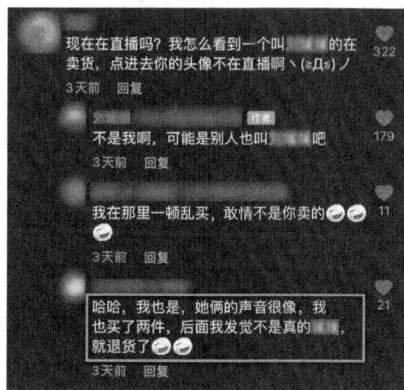

图 2-5　为主播人设买单的忠实用户

3. 撰写人设型直播营销文案的注意事项

撰写人设型直播营销文案时，需要注意三个方面，即稳定主播人设、突出产品特点和保证产品与主播形象相符。

（1）稳定主播人设

稳定主播人设是撰写人设型直播营销文案的关键之一。主播的人设指主播在直播中呈现出的特定形象和性格特点等，这种形象和性格特点应是稳定的，以便用户对主播有更深的认知和印象。主播人设如果经常变化，就会让用户感到困惑和不安，也会降低用户对主播的信任度。因此，在撰写人设型直播营销文案时，需要保持主播人设的稳定性。

（2）突出产品特点

突出产品特点是人设型直播营销文案不可或缺的一环。直播营销文案需要突出产品的特点，以吸引用户的注意力。在突出产品特点的同时，也需要将产品与主播人设相结合，从而更好地吸引用户。

（3）保证产品与主播形象相符

保证产品与主播形象相符是人设型直播营销文案的重要前提。直播营销文案需要保证产品与主播的形象相符，以便更好地引导用户。直播营销文案推荐的产品与主播的形象不符，很容易让用户感到不适应，进而影响到推广效果。

> **课堂讨论**
>
> 试列出你喜欢的一个或几个主播的人设特点，并分析其人设是如何与直播营销文案相结合的。

2.2.2 "带货"型直播营销文案

"带货"型直播营销文案以"货"为中心，直接围绕产品卖点、典型场景、利益点等展开，从而实现推销产品、促进用户购买的目的。

1. "带货"型直播营销文案的特点

"带货"型直播营销文案与人设型直播营销文案的显著不同在于，其更加注重对产品的直接推销，而不是通过主播的形象来引导用户的消费行为。具体而言，"带货"型直播营销文案的特点体现在以下 4 个方面。

（1）突出产品卖点

"带货"型直播营销文案针对产品的特点、功能、优势等方面进行介绍，突出产品的特性和卖点，吸引用户的注意力。

（2）强化典型场景

"带货"型直播营销文案以用户购买和使用产品的场景为依托，展现产品的实际使用效果，让用户更好地理解产品的价值。图 2-6 所示为某洗护品牌直播间与某售卖洗护产品的达人直播间。

两者都通过堆积产品的方式制造"带货"场景，不同的是，前者的背景为工厂车间，后者的背景为仓库。把产品堆积起来，通常暗示的是"便宜大促"。当用户"刷"到这样的直播间后，不少人会下意识地停下来看一看，这样，用户的停留时间就延长了。如果产品确实是自己需要的，用户就很可能购买。这就是直播间的"场"。

图 2-6　某洗护品牌直播间与某售卖洗护产品的达人直播间

（3）强调利益点

"带货"型直播营销文案通过对产品利益点的介绍和分析，让用户能够清晰地了解产品的价值，并产生购买欲望。

（4）语言简洁、紧凑

"带货"型直播间节奏较快，所以使用的营销文案应力求用简洁紧凑的语言让用户更容易理解和接受产品，同时增强用户的记忆效果。

2. "带货"型直播营销文案的价值

"带货"型直播营销文案的价值主要体现在以下 4 个方面。

（1）提高产品知名度和销售量

"带货"型直播营销文案以产品为核心，围绕产品的卖点、特点、使用场景等展开，能够深入地介绍产品的特点，吸引用户的注意力，提高产品的知名度和销售量。主播通过真实的展示和演绎可以让用户更好地了解产品，从而建立起用户对产品的信任感和认同感，促使用户做出购买行为。

（2）提高品牌知名度和美誉度

随着直播平台的普及和用户规模的不断扩大，越来越多的企业开始借助直播平台进行品牌推广。通过直播"带货"，企业可以将自己的品牌和产品推广给更广泛的受众，提高品牌知名度和美誉度。同时，企业可以选择知名主播进行合作，通过主播的影响力和号召力进一步提高品牌知名度和美誉度，树立企业形象。

（3）提高用户购物体验，增强用户对品牌和产品的黏性

通过直播"带货"，用户可以实时了解产品的特点、使用方法、使用效果等。这种互动式的购物方式不仅能够提高用户的购物体验，还能够增强用户对品牌和产品的黏性。同时，主播也可以通过互动环节与用户建立联系，获得用户对自己的好感和认可。

（4）创造更多商业机会

随着"带货"型直播营销的持续发展，越来越多的企业意识到直播"带货"的商业价值，纷纷将直播"带货"作为一个新的营销手段纳入自己的营销策略。这也为主播和直播平台创造了更多商业机会，带来了更大商业价值。

3. 撰写"带货"型直播营销文案的注意事项

当前十分热门的直播平台，如抖音、快手等，属于兴趣电商平台。兴趣电商平台对内容非常重视，因此商家开展直播营销活动时，不可一味"营销"或"带货"，需关注用户需求。兴趣电商平台之外的一些电商平台也开始有意识地"兴趣电商化"，因此以下注意事项适合所有直播平台。

（1）准确传递产品信息

撰写直播营销文案时，要保证产品信息的准确性和全面性。只有让用户真正了解产品的特点、用途、优势等，才能增强他们的购买欲望和信任感。

（2）突出产品卖点

撰写直播营销文案时，要突出产品的卖点和优势，以吸引用户的注意。直播间可以通过典型场景的展示、产品实用性的演示、用户评价的分享等方式，让用户更好地了解产品的价值和实际使用效果。

（3）关注用户需求

撰写直播营销文案时，要关注用户的需求和心理。只有了解用户的"痛点"和购买动机，才能更好地满足他们的需求，并将他们转化为实际购买者。

（4）制定明确的营销策略

撰写直播营销文案时，要制定明确的营销策略。直播间可以通过打造品牌形象、塑造专业形象、展示用户评价等方式，提高用户的购买欲望。

（5）精准定位目标群体

撰写直播营销文案时，要精准定位目标群体。直播间可以通过了解用户的年龄、性别、职业、收入水平等特征，选择适合的语言和方式进行宣传，以提升营销效果。

课堂讨论

有哪些让你忍不住下单的"带货"直播间？你购买该直播间产品的原因是什么？针对这两个问题，与老师、同学聊一聊吧。

2.2.3　活动型直播营销文案

活动型直播营销文案通常围绕鲜明的主题活动展开，有比较明晰的活动阶段和人员角色划分等，主要目的在于打造"影响力事件"，或者通过销讲的形式给用户"种草"。

1. 活动型直播营销文案的特点

活动型直播营销文案通常分为多个阶段，每个阶段都有特定的人员角色划分和任务要求。活动型直播营销文案有以下 5 个显著特点。

（1）鲜明的主题

活动型直播营销文案的主题应具有独特性和较强的吸引力，以便引起用户的注意和兴趣。

表 2-3 列举的活动型直播常见主题类型，分别借助了不同的营销元素。

表 2-3　活动型直播常见主题类型

主题类型	适用情景
重要营销节点	适用于大型促销活动；有助于吸引大量用户、消化库存、提高产品销售效率，增强活动的紧迫性，增加活动的吸引力
公益	有助于提升品牌形象，形成"破圈"效应，吸引更多潜在用户
感恩用户	适用于特别的纪念日、庆功活动等；可以提高用户的忠诚度，让他们感受到被尊重和被重视
新品发布	适用于新产品发布；可以吸引潜在用户的注意，顺利将新产品推向市场
嘉宾	适用于产品发布、访谈、分享会等；通过邀请知名人士或行业专家作为嘉宾参与直播，增加直播的吸引力并赋予其权威性
教育培训	适用于产品演示、技能分享等；通过提供有价值的信息或技能培训，吸引用户并增加他们对品牌的好感

（2）多阶段设计

活动型直播营销文案一般分为多个阶段，每个阶段都有不同的任务和角色要求，都需要有相应的文案设计。图 2-7 所示为某门窗品牌的发布会预热视频截图。视频中的女主角身着古装、手提灯笼，活动在充满古典韵味的场景中。这些都是在为直播间即将发布的古典门窗造势。

（3）人员角色划分明确

每个阶段都有明确的人员角色划分，包括主播、嘉宾、运营、客服等，不同的人员角色有不同的任务和目标，需要有相应的文案。

（4）促销手段多样

活动型直播营销文案通常采用多种促销手段，如优惠折扣、满减活动、赠品等，以吸引用户的注意和促使用户做出购买行为。

（5）交互性强

活动型直播营销文案通常具有较强的互动性，即通过互动环节吸引用户参与，增强用户黏性。

图 2-7　某门窗品牌的发布会预热视频截图

2. 活动型直播营销文案的价值

活动型直播营销文案的价值主要体现在扩大影响力方面。

（1）设计独特、有趣的活动

活动型直播营销文案的目的是通过设计独特、有趣的活动吸引用户参与，从而扩大品牌影响力。活动型直播营销文案的设计理念是把品牌与用户融为一体，创造共同的价值和认同感，通过设计独特、有趣的活动吸引大量用户来关注和参与活动，从而扩大品牌影响力。某平台在"双十一晚会"的"直播狂欢节"环节中，通过多种形式的直播互动活动成功吸引了近 5 亿用户，引爆了整个直播市场，提高了品牌的曝光度和品牌的影响力。

（2）为用户"种草"

活动型直播营销文案一般会通过销讲的形式为用户"种草"，引导用户了解和使用产品，进而提升用户忠诚度。通过配合多种促销手段，如优惠折扣、满减活动、赠品等，活动型直播营销文案能够提高直播间销量。

（3）增强用户黏性

活动型直播营销文案的设计理念是为了提高用户的参与度和体验感，因此通常会设置多种互动环节，如抽奖、答题、投票等。这些互动环节能够有效地增强用户参与活动的乐趣和满足感，从而提高用户留存率和忠诚度，加深用户对品牌的认知。

在近几年热门的直播"带货"节目中，很多品牌会通过设计"红包雨"活动，吸引用户参与和分享活动，增强用户黏性。在这种活动中，品牌方会在直播过程中设置定时的红包雨，用户在规定时间内观看直播并点击屏幕就可抢到红包。通过这种方式，品牌方提高了用户参与度和留存率。

3. 撰写活动型直播营销文案的注意事项

（1）活动主题和品牌定位要匹配

活动型直播营销文案需要根据品牌定位和目标用户确定活动主题和形式。这样才能更好地吸引目标用户，并提升品牌的形象和认知度。

（2）顺势引出产品特点和优势

活动型直播营销文案需要借着活动引出产品的特点和优势，让用户在兴致勃勃观看活动的同时了解产品，从而增加购买的可能性。

（3）严格把控直播质量

活动型直播流程相对复杂，直播时间偏长。撰写直播营销文案时，需要确定详细的直播计划和流程，以保证直播的流畅性和质量；还需要维护主播的形象和营造良好的直播氛围，让用户有良好的观感和体验。

课堂讨论

观看一场活动型直播，试着拆解其不同环节，并与老师、同学分享其环节设计的优势或劣势。

2.3 直播脚本的结构

直播脚本是为直播营销活动专门制作的文字稿件，包括脚本方案、脚本大纲和单一阶段脚本等。直播脚本通常是在直播前根据活动的目的和主题，精心制作的。

2.3.1 脚本方案

一场直播营销活动的脚本方案是为了帮助主播在直播过程中顺利地传递品牌信息、推销产品和实现商业目标而准备的一份详细的计划。脚本方案通常由营销团队和主播合作撰写，包括营销策略、产品介绍、场景设计、互动环节等内容。

1. 营销策略

营销策略包括主题设定、推广渠道、目标人群、营销手段、营销目的等，是直播间传递品牌信息、产品信息和促销信息的重要方法。不同的营销策略适用于不同的目标，如提升品牌知名度、促进产品销售、增加关注度等。在脚本方案中，需要明确使用的营销策略和具体的执行方式。

（1）主题设定

主题设定指根据直播的目的和内容，设定一个能够吸引用户关注和参与直播的主题，如"知名人士+公益""直播+抖音官方"等。主题设定要符合直播平台的定位和风格，也要考虑用户的需求和喜好，还要考虑热点话题和市场发展趋势。

（2）推广渠道

推广渠道指利用各种媒体和平台来宣传和推广直播营销活动，从而提高用户的知晓度和参与度。推广渠道包括社交媒体、搜索引擎、短视频平台、电商平台、私域等。推广渠道要根据目标人群的特征和习惯来选择合适的方式和形式，也要与主题设定相协调。

（3）目标人群

目标人群指直播营销活动想吸引和影响的用户群体。要根据直播内容和产品特点来确定目标人群，并按照一定标准对其进行细分，如年龄段、性别、地域、兴趣爱好等，以便更精准地选择推广渠道和设计营销手段。

（4）营销手段

营销手段指在直播过程中，为激发用户的兴趣、增加用户对自己的信任、提高用户忠诚度，并促进用户转化为购买者或者传播者而采用的各种方法。营销手段包括打赏、广告营销、垂直营销、互动游戏，以及发放优惠券、红包等。营销手段要根据主题设定和目标人群来确定，并注意与其他元素相配合。

（5）营销目的

营销目的指开展直播营销活动的最终目的和预期效果，如提高用户关注度、推销新产品、清理库存、增加观看人数、提高转化率和销售额等。营销目的需根据直播间的发展阶段、过往数据、用户画像及品牌的营销需求等来制定。

2. 产品介绍

直播营销活动的重点环节之一是展示和介绍产品，因此需要详细地介绍产品的特点、功能、优点、使用方法等信息。在脚本方案中，需要准备详细的产品介绍材料，如产品图片、视频、实物展示等。产品介绍材料明细如表 2-4 所示。

表 2-4　产品介绍材料明细

材料明细	说明
产品名称和品牌	介绍产品的名称和品牌，以及品牌的背景和定位
产品特点和功能	详细介绍产品的特点和功能，包括产品的外观设计、使用场景、性能等，让用户全面了解产品
产品优点和价值	阐述产品的优点和价值，包括与同类产品相比的优势，以及产品对用户生活的帮助和改善
产品使用方法和注意事项	介绍产品的使用方法和注意事项，可以帮助用户正确使用产品，并避免产生损失
产品配件和包装	介绍产品的配件和包装，包括随机配送的零件和包装的特点，让用户了解更多产品细节
产品真实展示	通过展示产品的实物、图片和视频等形式，让用户直观地了解产品的外观和使用效果，从而增加购买的信心
其他用户的使用情况和评价	介绍其他用户的使用情况和评价，帮助用户更全面地了解产品的使用效果和品质，从而促进购买决策

在准备产品介绍材料时，需注意以下 4 点。

① 简洁明了：产品介绍材料应简洁明了，不宜过多使用专业术语和技术性语言，以免用户难以理解。

② 真实可信：产品介绍材料应真实可信，不得夸大产品的优点和效果，否则会影响用户对产品的信任度。

③ 风格与品牌定位相符：产品介绍材料的风格应该与品牌的定位相符，体现品牌的形象和风格，增加用户对品牌的好感。

④ 视觉效果要好：产品介绍材料的视觉效果要好，包括图片和视频的清晰度要高、排版的美观度要高等，从而吸引用户的注意力。

在直播营销活动中，产品介绍材料应该根据直播内容和用户的需求进行选择和展示，同时结合场景设计和互动环节等提升用户的参与感。

3. 场景设计

直播营销活动的场景设计是为了吸引用户，增强他们的兴趣和互动性。在脚本方案中，需要制定详细的场景设计方案，包括背景设计、道具准备、音乐选择、服装和妆容设计、灯光设计等，以突出活动的视觉效果和主题。

① 背景设计：背景设计是营造活动氛围和视觉效果的重要环节，宜根据产品属性和活动主题选择符合场景需求的背景，如实景布景、绿幕抠图布景等，并做好相应的布置。

② 道具准备：选择符合活动主题和产品属性的道具，以丰富场景效果，增强用户互动性。例如，以销售厨具为主的直播间，宜使用食材、炉灶、锅具等为道具。

③ 音乐选择：选择适合产品属性和活动主题的音乐，能提升直播活动的营销效果。如果推销的产品是化妆品，那么直播间就可以选择轻快愉悦的音乐。

④ 服装和妆容设计：根据产品属性和活动主题，选择与场景设计和产品展示相协调的服装和妆容。推销珠宝的主播可以选择高品质的服装和精致的妆容。

⑤ 灯光设计：适当的灯光设计可以增强场景效果和产品展示效果，使活动更加生动。灯光的亮度、颜色、角度等，都需要精心设计。

图 2-8 所示为不同直播间场景，各具特色。图 2-8（a）中的直播间借助户外实景，打造出颇具吸引力和代入感的露营场景；图 2-8（b）中的直播间通过引用论文数据证明产品的效果；图 2-8（c）中的直播间通过灯带、气球等营造节日喜庆感。这些做法都能为直播间加分。

主播和其他工作人员应相互配合，以确保场景设计达到最佳效果，吸引用户参与互动。

4. 互动环节

直播营销活动的互动环节是提高用户参与度和增强用户黏性的重要手段。在脚本方案中，需要考虑各种互动环节的形式和内容，如答题、抽奖、问答、游戏等。

① 答题：在直播中设置问题，让用户通过提交答案的方式参与互动。这种互动方式可以测试用户对品牌、产品或行业的了解程度。因此，需要提前准备问题和答案，并在直播中使用专业的答题工具进行展示和管理。

② 抽奖：通过抽奖的形式吸引用户参与互动，提高品牌和产品的曝光度。在脚本方案

中，需要准备奖品并设置抽奖规则，如在直播中设置抽奖活动的时间、抽奖方式、参与条件和奖品数量等。

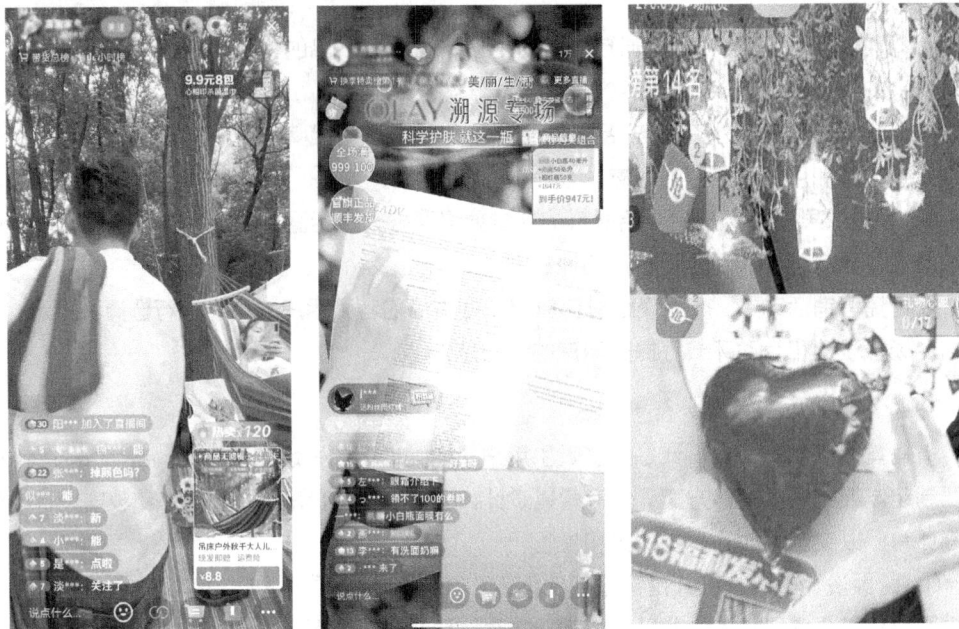

（a）室外场景　　　　　　　　（b）引用论文　　　　　　　　（c）节日氛围装饰

图 2-8　不同直播间场景

③ 问答：鼓励用户在评论区提出关于品牌、产品、行业的问题并由主播进行解答。这种互动方式可以增加品牌和产品的权威性，加深用户对品牌和产品的了解和认知。因此，需要提前准备问题和答案，并确保主播具备足够的行业知识和解答能力。

④ 游戏：设计一些与产品或品牌相关的小游戏，吸引用户参与并增加其对产品的认知和兴趣。在脚本方案中，需明确游戏规则、游戏流程、奖品、奖品兑换方式等。

课堂讨论

下周一 19:00，某女装品牌拟开展一次直播营销活动，请你结合当前的热点话题、用户需求等为该女装品牌撰写一个方案。

2.3.2　脚本大纲

策划一场成功的直播营销活动，确保直播过程中不出现失误或尴尬，需要事先准备详细的脚本大纲。脚本大纲是直播营销活动的整体框架和流程，主要包括以下 6 项内容。

① 直播时间：根据用户习惯和行业竞争情况，选择合适的直播时间段。

② 直播主题：明确直播的目标、受众、风格，以及吸引用户的方法，确定重点宣传的产品或服务。

③ 直播形式：确定直播的表现方式，如单品推荐、多品搭配、发布会直播等。

④ 直播环节：安排直播的具体内容及其顺序，如开场介绍、产品展示、优惠活动、用户互动等。

⑤ 直播人员：确定主播、嘉宾、助理等参与直播的人员，并分配好各自的任务。

⑥ 直播工具：准备直播所需的设备和素材，如摄像头、话筒、背景板、图片、视频等。

为便于浏览，直播脚本大纲通常以表格形式呈现，示例见表 2-5。

表 2-5　直播脚本大纲示例

时间	2023 年 3 月 8 日 19:00～22:30			
地点	×××直播间			
产品种数	30			
主题	×××品牌春季新品发布会			
主播	×××			
运营	×××			
时间	环节	主播职责	运营职责	展示产品
19:00～19:10	预热、开场	介绍自己、引入主题	与主播互动、引流	×××
19:10～21:10	讲解产品	讲解产品	发放优惠券	×××
21:10～21:20	互动抽奖	与用户互动、主持抽奖活动	演示操作	—
21:20～22:20	讲解产品	讲解产品	发放优惠券	×××
22:20～22:30	返场、结束	产品返场串讲、结束及预告	答疑	根据直播间销量确定
注意事项	① 增加直播间互动方式，吸引更多新用户关注； ② 直播讲解时间分配：60%介绍产品，25%答疑，15%互动； ③ 注意用户提出的问题，要多留意重复出现的问题； ④ 主推×××新品			

课堂讨论

与老师和同学讨论，主播应如何避免在直播时冷场。

2.3.3　单一阶段脚本

直播营销活动通常分为多个阶段，如开场、产品讲解、互动、结尾等。单一阶段脚本指的是为某一个特定的阶段设计的脚本。单一阶段脚本是直播营销文案脚本的最小单元，可以帮助运营人员在限定的时间内完成事先设计好的直播营销动作，把控好直播节奏，进而提高产品转化效率。

表 2-6 所示为某女装品牌的产品讲解阶段脚本。

表 2-6　某女装品牌的产品讲解阶段脚本

时间	产品名称	图片	卖点	利益点	直播优惠
20:00～20:40（40分钟）	×××优雅气质系列连衣裙	—	① 羊绒面料，质感好，触感柔软； ② 精致剪裁，设计简约又不失细节； ③ 颜色柔和，多色可选，可正式可随性，适合各种场合穿搭； ④ 官方直播间妇女节特定款	① 店铺券：200元； ② 品类券：280元； ③ 指定产品券：30元	① 日常价：890元； ② 直播间到手价：380元
	×××时尚气质系列泡泡袖外套	—	① ×××时尚气质系列的新品； ② 高品质羊毛混纺面料和缎布翻领； ③ 设计宽松但修身； ④ 多种奶茶色可选，衬肤色； ⑤ 官方直播间妇女节特定款	① 店铺券：200元； ② 品类券：280元； ③ 指定产品券：20元	① 日常价：990元； ② 直播间到手价：490元

课堂讨论

你认为在设计单一阶段脚本时，应注意哪些细节？

课后习题

1 简述直播营销文案的构成要素。

2 如何设计有吸引力的直播主题？

3 简述三种直播营销文案的特点。

4 设计脚本方案时，需考虑哪些因素？

5 脚本大纲主要包含哪些内容？

6 简述单一阶段脚本的作用。

PART 03

第3章
人设型直播营销文案写作

知识目标
（1）了解主播人设的相关知识。
（2）掌握达人主播直播营销文案创作方法。
（3）掌握商家主播直播营销文案创作方法。

素养目标
（1）弘扬创新精神，提供既有趣又有价值的内容。
（2）坚守诚信美德，保持真实人设。
（3）树立积极、正面人设，传播正能量。

3.1　主播人设对直播营销文案的影响

主播人设是指主播在直播中展现出来的个人形象和特质。主播人设对直播营销文案影响深远，与主播人设契合的直播营销文案，往往更能赢得用户信任。

3.1.1　主播人设的价值

情感销售主张（Emotional Selling Proposition，ESP）理论是一种广告营销策略，关注情感对销售的影响。该理论认为，用户在进行购买决策时会受到情感因素的影响。ESP理论主张通过赋予产品以价值和情感，构建产品与用户的连接点，进而与用户深度交流，提升用户体验。

主播人设作为直播营销中的重要因素，在提升品牌形象、吸引目标用户、提高营销转化率等方面具有重要价值。从ESP理论来看，主播人设的价值在于，通过情绪、社交与个人魅力的展现调动用户情感，从而增强直播营销效果。

1. 情绪展现

主播的情绪展现对直播营销效果具有重要影响。主播的情绪展现可以直接影响用户的情绪体验和情绪反应，从而影响用户对直播内容和品牌的态度和认知。

① 调动用户情绪：主播可以通过分享自己的故事、与用户互动、展示真诚的态度等方式引发用户的共鸣，使用户在情绪上产生认同。这种情绪连接有助于提高用户对主播和直播间的喜爱度，从而做出购买行为。

② 让用户对主播产生信任：主播通过传授专业知识、真实推荐产品和树立良好的口碑，能够巩固用户对自己的信任，使他们更愿意购买自己推荐的产品。

主播情绪展现的效果取决于：真实性、展现方式及匹配性。

真实性指主播的情绪展现应真实和自然，否则可能会引起用户的反感和不信任，从而影响直播营销的效果。展现方式指主播展现情绪的方式和技巧。主播如果能够运用正确的方式将情绪展现得恰到好处，就可以引起用户的情绪共鸣，从而提高直播营销的效果。匹配性指主播的情绪与直播内容、用户情绪状态的匹配程度。主播如果能够敏锐地察觉用户的情绪需求和状态，并在情绪展现上与之匹配，就可以提升用户的认同感，从而提高直播营销的效果。

2. 社交展现

主播人设有利于增进与用户的感情，这对直播营销效果也具有重要影响。主播的社交能力可以直接影响用户的归属感和认同感，从而影响用户对直播内容、品牌的态度和认知。

① 传递共同的价值观和生活方式：主播通过展示一种价值观和生活方式，使用户产生共鸣。当用户认同主播的价值观和生活方式时，他们更容易被主播所推荐的产品吸引。

② 让用户产生归属感：主播通过与用户互动、关注用户需求，使用户感受到自己与主播和直播间的联系，从而产生归属感。归属感有助于提高用户的忠诚度。

主播社交展现的效果取决于主播在直播互动中的表现和技巧。主播如果能够运用正确的方式敏锐地察觉用户的社交需求和状态，与用户建立起积极的社交关系，就可以增强用户的归属感和认同感，从而提高直播营销的效果。在图 3-1 所示的直播间中，几位主播正在侃侃而谈。

图 3-1　在直播间侃侃而谈的主播

3. 个人魅力展现

个人魅力是主播人设中的重要元素，主播可以通过展现自己的个性、才华和风格吸引用户。主播的人格特质对直播营销的效果具有重要影响。主播的人格特质可以直接影响用户对主播、品牌的认知和态度，从而影响直播营销的效果。

① 塑造独特的个人形象：主播塑造的独特个人形象可以使用户对其产生好奇心。一个鲜明的人设有助于主播从同行中脱颖而出，吸引更多用户关注。

② 提升用户对主播的喜爱度：具有个人魅力的主播能够在用户心中留下深刻的印象，使用户更愿意关注他们。这样的主播往往能够更好地推广产品，提高购买转化率。

在实际的直播营销活动中，拥有真实、立体、受欢迎人设的主播确实可以为直播间带来更高价值。以某上市公司旗下的某个直播间为例，某位特别受欢迎的主播在线时，直播间销售额可以轻松破千万元；而其他主播在线时，直播间销售额最高时也未超过千万元。可见，主播个人魅力的影响有多大。

值得注意的是，主播的人格应具有稳定性。这样可以增强用户对主播和品牌的信任，从而提高直播营销的效果。

> **课堂讨论**
>
> 和老师、同学聊一聊你对哪些主播印象深刻，原因是什么？

3.1.2　主播人设的设计

在直播营销活动中，主播人设至关重要。那么，该如何设计主播人设？以下内容为主播罗某某人设打造案例。

罗某某是一位知名的科技博主和创业者，在直播领域取得了巨大的成功，并塑造了独特的主播人设。

首先，罗某某以他的知识和经验作为他的人设基础。他对新技术和产品的独到见解和分析使他在直播中能够提供有价值的科技内容，为用户带来前沿的科技理念。

其次，罗某某的表达风格直接而幽默。他善于在直播间就地取材，分享幽默风趣的段子。他擅长用通俗易懂的语言解释抽象、复杂的科技概念，使用户能够轻松理解直播间数码产品的卖点。

最后，罗某某在直播中敢于表达自己的观点和看法，不拘泥于传统的思维模式。例如，面对直播间的某款产品被曝有假时，他核实情况后，便在直播间向用户鞠躬道歉，并为购买产品的用户安排赔付。这使他获得了用户的信任，也吸引了一大批忠实用户。此外，他坚持使用高端、昂贵的直播设备，坚持打造精致、大气的直播画面。这也引得众多直播间跟风模仿。

通过以上设计，罗某某成功将自己塑造为一位富有知识、幽默和个性的主播，赢得了大量用户，在直播营销领域获得了广泛的认可。

设计主播人设时，通常需要先确定具体赛道，再梳理用户的偏好，最后确定主播的哪些特质与品牌、用户契合，如图 3-2 所示。当然，这只是简要的设计思路，设计具体的细节时还需考虑品牌发展需求、直播内容、用户反馈等因素。

图 3-2　主播人设的设计步骤

1. 确定赛道

赛道指主播所要涉足的领域或行业，也可以理解为主播对自身的定位。

商家主播通常可免去这一步，因为其赛道通常已由商家决定。但对于达人主播而言，这一步十分关键。达人主播在选择赛道时，需着重考虑以下几点。

- 了解该领域的竞争情况，看是否存在较大的竞争压力，也可以对标优秀的同等级主播，学习他们的长处，同时对自己进行差异化定位。
- 了解该领域的市场潜力和发展趋势，选择具有一定市场需求和发展空间的赛道。
- 考虑自己是否具备该领域的专业知识和经验，能否为用户提供有价值的内容。一旦确定赛道，就需努力积累与该赛道相关的专业知识和经验，以增加在该领域的可信度。
- 尽量选择自己感兴趣并具备一定专业知识的领域作为赛道，这样能够全情投入、持续成长。

2. 目标用户

确定赛道之后，可进一步锁定目标用户，整合相关信息，包括目标用户的年龄、性别、地域、兴趣标签、价值观等。了解目标用户的特点，是为了塑造与目标用户特点更贴近的主播人设。

3. 个性特征

主播的个性特征，如幽默、亲和力、温柔等，能赋予主播独特的魅力，让主播与用户建立更深的情感。主播性格类型与适合的带货领域及用户人群如表 3-1 所示。

表 3-1　主播性格类型与适合的带货领域及用户人群

性格类型	带货领域	用户人群
活泼开朗型	时尚、服装、鞋靴	年轻人、时尚潮流追随者
专业知识型	美妆、健身器材	爱美、追求生活品质的用户
幽默风趣型	家居用品、玩具	喜爱轻松、有趣购物体验的用户
温暖亲和型	保健品、母婴用品	关注健康、注重家庭的用户
知性优雅型	珠宝、艺术品	追求高品质的用户

表 3-1 仅为简单示例，在实际的直播营销活动中，主播性格类型与适合的带货领域及用户人群是丰富多样的。

4. 品牌形象

从某种程度上说，主播是形象化的品牌。主播与品牌基调、价值主张契合，有利于进一步扩大品牌的影响力，让用户对品牌有更丰富的认知。

- 外在形象。主播的外在形象包括外貌、着装风格、发型等，需要与品牌的定位、形象相匹配。主播的外在形象可以通过合适的服装、造型等方面来调整。

- 言行举止。主播的言行举止应与品牌的价值观、理念一致。主播应该注意言辞、表达风格，以及在直播中的举止和态度等，以便传递出品牌的形象和价值观。

- 语言风格。主播的语言风格也是塑造品牌形象的重要因素。不同品牌有不同的语言风格，主播可根据品牌的定位来选择合适的语言风格。

- 专业能力。主播作为品牌形象的代表，应具备相关的专业能力和知识。

- 与品牌故事的关联。主播可分享个人故事，加强与品牌的连接，使人设更加贴合品牌形象。

示例如下。

某美妆主播的直播间用户主要是关注美妆、追求时尚的年轻女性。该主播有多年美妆品牌柜员经验，在形象设计上十分注重时尚感和专业性。她常常利用精心打造的发型和妆容，展现符合美妆直播间特点的形象。

5. 故事打造

为主播设计一个有吸引力的故事背景，如成长经历等，能够让用户更深入地了解主播，引发用户的情感共鸣或价值认同。打造人设故事时，可考虑以下因素。

- 成长经历。例如，主播从小对某个领域十分热爱和专注的故事能博取用户的信任，丰富主播的人设。

- 求学经历。例如，主播经过努力从普通高校升入名校等励志故事能得到用户的欣赏和持续关注，而且用户可能会以主播为榜样，不断提升自己。

- 创业经历。主播如果有创业经历，就可以分享自己如何开始创业，克服了怎样的困难等。这会让用户觉得主播"接地气"、意志力顽强等。

- 职业生涯。主播讲述自己在某个行业或领域的工作经历和成就、所获奖项，以及职业生涯中的转折点等，能吸引职场人士或事业心强的用户。

- 婚恋和家庭。主播的婚恋情况、家庭生活等能起到丰富主播人设的作用。

- 个人价值观和信念。主播可表达自己的个人价值观和信念，如对环保、公益事业或社会问题的关注和参与。健康、积极的价值观和信念能够赢得用户的支持。

- 地域文化背景。主播可利用自己的地域文化背景来打造故事，如分享自己所在地区的自然风貌、文化传统和价值观等，从而吸引具有相同背景或持有好奇心的用户。图 3-3 所示为一位凭靠灿烂、纯真笑容打动万千网友的藏族主播。独特的地域文化与生活环境赋予了他独特的气质，用户也乐于倾听来自远方的故事。

确定主播人设后，主播应确保自己的形象、语言和行为在直播间及其他地方是一致的，以塑造稳定和可信的人设。总体而言，主播应保持真实和自然，这样才有助于与用户建立长期的信任关系。

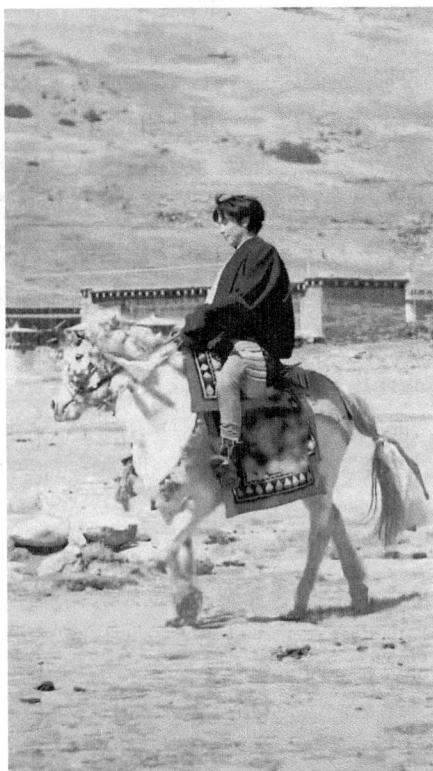

图 3-3　某主播骑马驰骋

课堂讨论

　　对比分析几位主播人设的特点，分析这些特点对主播形象、用户喜爱度、用户黏性等方面的影响。

3.1.3　主播人设的文案传达

　　主播人设是一个抽象概念，但依然可以通过文案进行传达。具体而言，主播人设可从以下几个方面进行传达。

1. 自我介绍

　　主播可通过相对固定的自我介绍传达自己的个性特点、兴趣爱好及专业背景等。这有助于用户更好地了解主播，也有助于为后续的直播内容铺垫基础，还有利于塑造稳定的主播人设。某主播的自我介绍为"集美貌与才华于一身的女子"，简短有力，便于传播，具有很高的辨识度。

　　大部分主播可从职业特色来介绍自己。示例如下。

　　大家好，我是×××，一个热爱时尚、喜欢分享美妆心得的主播。我喜欢和大家一起探讨时尚潮流，带大家领略美妆的魅力。

2. 语言风格

主播在与用户交流时，要保持与自己人设相符的语言风格。这有助于塑造主播的独特形象，使用户更愿意关注和倾听。示例如下。

我知道大家肯定还喜欢其他主播，但请大家记得我这里永远是大家的温馨小窝哦，欢迎常来逛逛！

3. 个人故事

主播可以通过分享自己的情感体验，展现出真实、生动的一面，与用户建立情感关系，也可以讲述自己的成长经历、趣事等，增强话术的故事性，让用户对自己有更深刻的认识和理解，从而维护用户与自己的情感关系。示例如下。

曾经，我对自己的穿搭没有信心。每次出门前，我都会花费很长时间挑选衣服，但还是觉得自己穿得不够好看或不够得体。后来，我通过尝试不同的穿搭风格，慢慢学会了如何挑选适合自己的服装和配饰。我发现，当我穿上一身自己喜欢的衣服时，心情也会变得明媚。

4. 表露价值观

主播可以在直播过程中阐述自己的价值观，表达自己的立场。这有助于塑造主播的个人品牌，增强用户的认同感。示例如下。

我一直认为，每个人都有属于自己的美。化妆不是为了掩盖自己的瑕疵，而是展现自己独特魅力的方式。所以，我希望我可以帮助大家找到适合自己的妆容。我也会在直播间带大家不断探索。请大家跟着我，发现自己的美，变得越来越自信哦！

5. 输出专业知识

主播可以在直播中分享自己在某一领域的专业知识和见解，展现自己的专业素养。这不仅能提升主播的权威性，强化主播人设，还能吸引更多对该领域感兴趣的用户。示例如下。

今天我要给大家推荐的一款具有高遮瑕度和持久性的粉底液。它含有×××成分，可以保护肌肤免受自由基的侵害。让我们一起来看看如何正确使用它，打造无瑕底妆吧！

6. 亲和力互动

主播可以在直播中与用户进行互动，回应用户的问题和建议。这种互动可以拉近主播与用户的距离，也能展现主播的亲和力和对用户的关爱。当然，主播也可以使用固定的口头禅、固定的用户昵称等，强化用户认知。示例如下。

亲爱的火箭队成员×××，感谢你的提问！关于你问的"如何科学锻炼肌肉"这一问题，我建议你坚持每周 3～4 次的训练强度，每次训练针对不同的肌肉群。你如果能坚持训练，就会看到明显成果的，加油！我们火箭队的成员都很棒！

课堂讨论

留意你喜欢的一位主播的一场直播，分析其话术分别从哪些方面强化了他的人设，你的感受如何。

3.2 达人主播直播营销文案

在直播营销活动中，达人主播"撑起了大半边天"，重要性非同一般。

3.2.1 达人主播概述

达人主播具有鲜明的特点，相应地，达人主播直播营销文案也应具有鲜明的"达人"特色。

1. 达人主播的定义

达人主播通常指具备某种专长技能、鲜明人设的主播，能通过直播分享知识、技巧和经验，为用户提供某些价值，并获得一定的粉丝。他们的主要目的是吸引粉丝、扩大影响力，同时实现商业变现。在不同电商平台的美妆、时尚、健身、美食、科技、旅行、教育等多个领域，皆涌现了众多受用户喜欢的达人主播。

图 3-4 所示分别为一位美妆达人和一位健身达人的主页介绍。他们在主页中分别清楚地写明了自己的主要赛道、分享内容等。

图 3-4 达人主播主页介绍

2. 达人主播的优势

达人主播的优势主要体现在以下几个方面。

① 拥有专业背景。达人主播通常拥有相关行业的专业背景，这使他们能够深入了解行业动态、产品信息及用户需求。这种专业性使他们能够在直播中提供有价值的内容，为用户解答疑问，向用户传授技巧和分享经验。图 3-5 所示为某达人主播在与直播间用户一对一"连麦"，解答用户的心理问题。

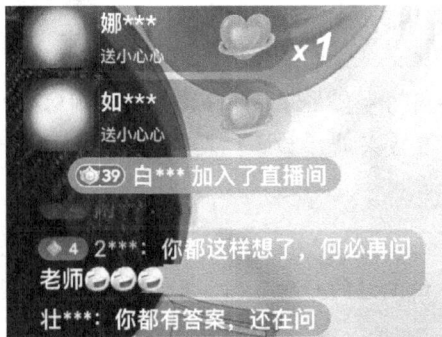

图 3-5 达人主播与用户"连麦"答疑

②　具备一定影响力。达人主播通常在社交媒体上具有较大的影响力，他们的用户群体庞大且活跃。借助达人主播的直播，品牌或商家能快速推广产品或服务。

有的头部达人主播不仅能带动大众产品，还能将一些知名度没有那么高的新品牌推上热销榜，让其迅速被大众熟知。例如，高人气主播罗某某的直播首秀，就将之前大众还不够熟悉的某小龙虾品牌推上了热销榜。

③　坚持内容创新。达人主播擅长创作新颖、有趣的内容，以满足用户不断变化的需求。他们会关注行业趋势，寻找热点话题，以确保直播内容紧跟潮流，吸引用户关注。某达人主播曾借助中秋节热度，穿着传统服饰直播，顺势推出销售额"破亿元"挑战，结果挑战成功。

④　亲近用户。达人主播注重与用户互动，倾听用户的意见和建议，及时解答用户的问题。这种互动可以拉近主播与用户之间的距离，也有助于提高用户的参与度。达人主播还会运营自己的社群，以便更好地与用户保持联系和互动。

社群带来的好处非常直观：一是营销更精准；二是沟通更方便；三是有信任势能加持，转化率更高。愿意进入达人主播社群的粉丝，是对达人主播的产品或服务有消费意愿的用户。他们对达人主播的产品或服务乃至口碑已经有一定了解，这为达人主播后期转化打下了基础。在社群里，达人主播或者达人主播的团队可以直接与粉丝交流，交流路径大大缩短。此外，社群中达人主播与粉丝之间或粉丝与粉丝之间多了一层信任关系，而信任势能可以提高转化率。

⑤　尝试多元化发展。随着影响力的不断扩大，许多达人主播开始尝试多元化发展，如推出自己的产品线、开设线上商店、参与综艺节目等。这些多元化发展有助于主播进一步提升知名度，也为品牌带来更多曝光。有的"草根"达人主播甚至在走红后成为艺人，进军演艺圈，从中寻找更多发展机会。

⑥　拥有个性化人设。达人主播往往以人设吸引用户关注并产生消费行为，可见人设对达人主播十分重要。不同的人设吸引不同的用户，颇具特色的人设构成达人主播世界的独特风景线。

在选择达人主播时，品牌方可根据这些维度综合分析：达人主播与品牌或产品的契合度、达人主播的人气、达人主播的直播"带货"数据表现等。

课堂讨论

你知道哪些达人主播，欣赏他们的哪些特点？

3.2.2　达人主播直播营销文案特点

达人主播通常具有一定专长，同时拥有鲜明人设。相应地，达人主播的直播营销话术也具有鲜明特点。

1. 体现专业性

首先，全面了解并详细介绍产品或服务，是达人主播必不可少的技能。达人主播通常具备专业的知识和技能，因此其话术往往具有较高的专业性，如能够详细介绍产品的功能、特点和使用方法，为用户提供专业的建议和指导。

例如，一位美妆达人主播可以详细讲解化妆品的成分、使用技巧和适用人群，帮助用户做出更明智的购买决策。又如，珠宝行业常提到的"珠光""皮光""点位"，新媒体运营过程中常提到的"投流""起号""对标"等，都是专业达人主播常用的词汇。

其次，达人主播对行业趋势具有较高的敏感度。达人主播通常对所在行业的发展趋势和热点话题非常敏感，他们会关注最新动态，以便为用户提供新产品和新信息，从而吸引用户的注意力。

例如，一位科技达人主播可以在直播中分享新出现的科技创新成果，让用户了解前沿科技信息。其文案示例如下。

昨天，×××终于发布了我期待已久的×××产品。我试用了一天，这产品真的好棒！我们先看看它的外形设计，富有东方美感的配色，配上崭新弧边设计，手感丝滑轻巧，触感太棒了！在性能方面，全新×××芯片加持……

用户隔着屏幕也能感受到该达人主播的热情。

最后，达人主播多采用亲身体验的方式获得更多产品信息。达人主播通常会亲身试用产品，以确保所推荐的产品确实具有优良品质。其话术中往往包含自己的使用体验和感受，从而增强话术的真实性和可信度。

例如，一位健身达人主播可以分享自己使用某款健身器材的过程和效果，让用户更加相信自己的推荐。其文案示例如下。

这款哑铃握持起来很舒适。我按照科学的训练方法，坚持举了它一个月，我的肱二头肌、肱三头肌、背阔肌都有明显的增长，肌肉线条也更加明显。所以，我向大家推荐这款哑铃。

2. 丰富个性化人设

达人主播具有鲜明的人设，因此其直播营销话术中也应具有丰富个性化人设的特点。

① 个性化推荐。达人主播根据自己的专业知识和用户特点，为用户提供个性化的产品推荐。他们的话术可以针对不同用户群体的需求，提供更具针对性的建议。

例如，一位时尚达人主播可以根据用户的年龄、职业和个人喜好，推荐适合他们的服饰搭配方案。其文案示例如下。

你如果是一个充满文艺气质的女生，不妨试试这条具有复古风格的高腰牛仔裤，再配上一件印花雪纺衫，最后来一双小白鞋。这样的搭配会让你超有文艺范儿！

② 故事化。达人主播通常善于运用故事化的话术，将产品介绍与自己的经历、情感和见解结合起来，让用户产生共鸣。

例如，一位旅行达人主播可以分享自己在旅行过程中遇到的趣事和感悟，以及使用某款旅行用品的实际效果，让用户理解产品的价值。其文案示例如下。

这个手机支架陪我走遍了全国各地，因为它够稳、够轻。哈哈！最让我开心的事情是爬山。我一边爬山，一边借助支架拍下自己和背后层层叠叠的云雾合影。我给大家看看这段视频……

③ 积极正能量。达人主播通常具有积极、正能量的形象，他们的话术也常充满抚慰和

带有鼓舞人心的力量。他们会分享自己的成就或经历，鼓励用户努力追求梦想和目标。

例如，一位农村出身的达人主播可以分享自己的成长经历，激励用户克服困难等。某达人主播的话术十分经典，其部分话术如下。

- 一定有一些坚持，能从冰封的土地里，培育出成千上万个花朵。
- 知识的魅力就在于：它不会让你跑得很快，却能让你在风暴来临的时候，稳稳地扎根下来。
- 我不是让你当一个不靠谱的浪子，而是让你在俗世中也不要忘记眼中的星光。
- 运气可能会来，也可能不会来，但是这不影响你本来要坚守的心。

④ 信任感。达人主播的直播间用户通常对达人主播具有较高的信任感，达人主播使用的直播营销话术也往往透露出对产品和用户的关心，以及对自己所推荐产品的信心，这能强化用户对自己的这份信任。

例如，一位健康达人主播可以在推荐保健品时分享自己亲身使用产品的经验，强调产品的安全性和有效性。其文案示例如下。

熟悉我的朋友都知道，对于我要推荐的每款产品，我都是自己先用，用完一段时间觉得好，才会在直播间分享给大家。这瓶维生素片，我已经吃了大半瓶，先说说我的感受吧……

⑤ 互动性。达人主播注重与用户的互动，所以他们的话术中通常包含提问、回应和引导等元素。例如，一位美食达人主播可以在直播过程中请用户提供烹饪建议。其文案示例如下。

做这道菜需要先准备半包细面、一根黄瓜、对半切开的蒸熟土豆……有朋友说可以加入酸黄瓜和番茄。哈哈，我想应该也不错，我们不妨试试。

3. 表达运营及合作需求

达人主播出于维护粉丝和促进商务合作的需要，往往还会分享其他话术，如社群运营话术、品牌合作话术等。

① 社群运营话术。达人主播通常会通过建立社群，与用户保持更紧密的联系。他们会在直播话术中提醒用户加入社群，以便获取更多的信息和资源。例如，一位育儿达人主播可以邀请用户加入专门的育儿社群，以便获取更多的育儿经验和资源。其示例文案如下。

我创建了一个群，专门为经验不足的新手父母而设。在这个小群里，大家可以提出育儿疑难问题，讨论解决方案……

② 品牌合作话术。达人主播往往会与知名品牌进行合作，以提高自己的知名度和扩大自己的影响力。他们在话术中可能会提到自己与品牌的合作关系，以便提高用户对产品的信任度。其示例文案如下。

我很高兴地告诉大家，×××已经正式与我签约，这意味着我将有机会成为他们新车的首批试驾员。我会在第一时间和大家分享我的体验感受，请大家持续关注我的直播间。

课堂讨论

留意一位你喜欢的达人主播，分析其专业话术与个性化人设话术的不同，并与老师和同学聊一聊。

3.3 商家主播直播营销文案

在直播营销活动中，部分商家会采取团队内部选拔主播的方法，将遴选出的人员打造成主播，即商家主播。

3.3.1 商家主播概述

商家主播对于商家或品牌而言具有多重意义。

1. 商家主播的定义

商家主播指代表商家或品牌开展固定直播的主播，以推广和销售该商家或品牌产品为目的。与达人主播彰显的个性化人设相比，商家主播虽也可能塑造一定的人设以吸引用户，但通常更关注实际的产品销售额、转化率等数据指标。

图 3-6 所示为某品牌直播间的主播正在介绍自己穿的连衣裙。该主播的形象气质与该服装品牌的调性较为契合，主播背后隐约露出了品牌 Logo。

图 3-6　商家主播

在商家主播的背后，是商家内部系统化的主播培训、上下播与复盘优化机制等。

为了扩大品牌影响力，对外塑造成熟、稳定的品牌形象，确保产品具有相对稳定的销售额，商家通常会培养商家主播群，甚至采用账号矩阵、直播矩阵等形式。

2. 商家主播的优势

商家主播在某种程度上是商家或品牌的"人设化"投射,其优势主要体现在以下几个方面。

① 拥有品牌的直接背书。商家主播作为商家或品牌的形象代表,其营销活动具备较高的可信度和说服力。商家主播可以准确、详细地阐述产品的特点和优势,以及品牌的理念和价值。这种从源头传递出的信息,可以让直播间用户更放心,更容易消除疑虑,产生信任和购买欲。

② 对品牌和产品有深入了解。商家主播通常对其代表的品牌和产品有深入了解,能够更好地解答直播间用户的问题,介绍产品的使用方法,甚至可提供一些连专业人士都未必知道的使用技巧或建议。这种深度了解和专业解答,能够增强直播间用户对产品的理解和认可,进一步提高直播间转化率。

③ 掌握一手销售数据和用户反馈。商家主播可获得直播销售的实时数据,包括观看人数、互动次数、销售数量、用户对产品的喜好或建议等。这些数据可以快速反馈至团队内部,帮助商家或品牌对产品销售情况、市场反应等有实时了解。商家或品牌可及时根据市场反应调整产品策略,如优化产品设计、调整销售策略等,以实现快速更新迭代。

④ 用户维护。商家主播可通过直播面对用户,为用户答疑解惑,提高其购物体验。这种互动性强的沟通方式,能够有效拉近商家或品牌与用户的距离,获得用户的信任,有利于维护老用户、拓展新用户。

课堂讨论

留意一位你熟悉的商家主播,分析他的人设是如何体现商家或品牌调性的,并在课堂上与老师和同学交流你的发现。

3.3.2 商家主播直播营销文案特点

商家主播直播营销文案特点与商家或品牌本身的调性或特点息息相关。商家主播除在直播间推广产品外,还会塑造品牌形象。

1. 持续推广产品

商家主播往往需要持续推广品牌的产品。这种持续性不仅体现在时间上,还体现在直播营销文案中。

① 熟悉产品,即围绕产品设计一系列主题话术,如产品的使用技巧、产品的制作/生产过程、产品使用心得等,从不同角度深度介绍产品卖点,令用户对产品有更全面的了解,进一步增强用户的购买意愿。

② 诚实、真诚地回答直播间用户关于产品的各种问题,展示其专业知识。

2. 持续塑造品牌形象

商家主播在直播间用户面前代表商家或品牌,其直播营销文案也应持续塑造品牌的形象。

① 品牌人格化。商家主播可借助直播营销文案赋予品牌人格特质，使品牌形象更加生动、有吸引力。例如，商家主播往往根据品牌的调性塑造相应的人设，并以此来设计直播营销话术。如果品牌是年轻、时尚、充满活力的，那么主播可使用一些流行语、网络热词，展现出轻松、活跃的形象；如果品牌是稳重、专业的，那么主播可使用一些专业术语，展现出认真、负责的形象。当主播的形象、话术和品牌形象一致时，品牌的调性也会得以强化。

② 讲述品牌故事。商家主播可间或在直播中讲述品牌故事，如品牌发展历程、创始人经历、产品设计灵感等。这些故事能够将品牌的理念和价值以更具吸引力的方式传达给直播间用户，也能够增强品牌的独特性。故事可以让用户深深地记住品牌，从而提升品牌的认知度。

③ 传递品牌精神。商家主播的直播营销文案可以体现品牌的核心精神，如品牌倡导的价值观和追求的生活态度。主播的行为、言辞及他们对产品或服务的展示，都会恰如其分地体现这种精神。

④ 构建社区感。商家主播通常会通过包容性话术，使直播间用户感觉自己是品牌的一部分。例如，主播可以使用诸如"我们的产品"或"我们×××家"等词语，激发直播间用户的归属感。主播也可以分享一些内部新闻或幕后故事，让直播间用户感觉自己是品牌的"内部人"。主播还可以通过鼓励用户提问、分享体验等互动形式增强用户的归属感，通过直播间打造虚拟的品牌社区。

课堂讨论

选择同一领域中你最熟悉的达人主播与商家主播，试着分析他们在话术策略上的异同，并在课堂上与老师、同学进行分享。

3.4 人设型直播营销流程话术

直播营销话术通常可分为以下七大类型：暖场话术、留人话术、互动话术、吸引关注话术、产品介绍话术、产品成交话术、收场话术。

1. 暖场话术

直播开场时，主播应该设法调动用户情绪、提高用户参与度。这时就需要主播使用暖场话术。暖场话术指在直播刚开始时，为调动用户情绪、创造轻松愉快的氛围，主播所采用的一系列言辞。暖场话术通常具有幽默风趣、轻松自然等特点。

① 自我介绍。

有趣的自我介绍不仅能缓解开场的尴尬，还能让直播间的新用户快速了解主播和直播间。示例如下。

大家好，我是秋叶大叔，我就是那个传说中很会做 PPT 的男人。

② 欢迎用户。

欢迎用户能够迅速"破冰"。主播可从点名致谢、寻找共同话题、主动邀请关注等方面欢迎用户。

示例如下。

欢迎×××，哇，这名字好有意思啊。

③ 简单互动。

主播可以通过主动抛出问题来带动用户参与互动。

示例如下。

大家能听到我的声音吗？请能听到的朋友在评论区打个"1"。

咱们直播间有"宝妈"或者上班族吗？有的话请在评论区打个"1"。

④ 介绍直播主题。

主播可以直截了当地介绍直播的主题，从而吸引精准用户。

示例如下。

大家好，今晚的直播共有60分钟，我会带给大家介绍5款产品……

2. 留人话术

为了吸引用户停留，主播往往需要使用留人话术，如福利预告、产品预告等。

① 福利预告。

示例如下。

今天主播给大家带来的福利是×××。大家不要走开，5分钟后活动就开始。

② 产品预告。

主播可迅速介绍产品卖点，但不立刻上架，以吸引感兴趣的用户停留。

示例如下。

左边这套好看，还是右边这套好看？选择权交给大家了。如果大家喜欢，我们待会就上架。

3. 互动话术

直播间对互动率有一定要求。为提高互动率，主播需要使用互动话术引导用户互动。

① 鼓励评论。

示例如下。

请收到衣服的朋友在评论区告诉我这款衣服好不好看。

② 鼓励提问。

示例如下。

有朋友不清楚自己穿哪个尺码合适吗？请不清楚应选哪个尺码的朋友把自己的身高、体重数据写出来。

4. 吸引关注话术

主播可通过强调利益点、主动向直播间用户表露关心、使用趣味口令等方式引导用户关注自己。

示例如下。

点了"关注"的朋友如果下单这条裙子，我会额外赠送一条价值×××元的腰带。

×××，我记得你。你上次想要一件×××款，结果我们没货了。来，请助理专门给×××上一条链接。

点"关注"，不迷路。

5. 产品介绍话术

主播可多维度介绍产品，让用户对产品有充分的了解，并产生购买意愿。

① 通过分析、讲解产品的有效成分、工艺、原料、硬核科技、口碑、价格优势、适用范围等展示产品卖点。

示例如下。

这是来自阿克苏地区的长绒棉，纤维长度在 38～39 毫米。要知道，普通棉花的纤维长度在 30 毫米左右。

② 营造场景，增强用户的代入感，让用户心动。

示例如下。

你买了这件衣服，可以送妈妈、送姐妹或者送朋友。谁不夸你懂得生活、有品位，还好心呢？

③ 通过抬高自己、利他分析、证据证明等，增强产品的价值感。

示例如下。

我不用卖给所有人，我只卖给懂得欣赏的人。

给大家看一下销量排行榜啊，我们家这款×××是店里用户复购率很高的产品。为什么这么多人复购？因为货好啊。

6. 产品成交话术

当用户对产品有基本了解后，主播可通过产品成交话术促使用户购买。

① 强调性价比。主播可通过拆解产品成本、价格竞猜、价格对比等方式突出产品的性价比。

示例如下。

这件大衣在线下门店卖 2980 元，今天在直播间只卖 1980 元。

② 营造紧迫感。

在用户已经对产品比较了解并产生明显的购买意愿后，主播可适当营造紧迫感。

示例如下。

来，倒计时准备。请大家注意，只有 5 秒的时间，我们这次不限单。让我看看有多少朋友为了这条裙子等了一晚上。

③ 下单演示。主播可通过在镜头前演示如何下单等方式，进一步促使用户下单。

示例如下。

来，我教大家怎么下单。先点击屏幕左上角的"关注"，再点击屏幕下面的"小黄车"按钮，选择 1 号链接的产品，直接下单就可以。

×××在评论区说他已经拍到产品了。好的，谢谢你的支持，你的眼光很好哦。

7. 收场话术

快结束直播时，主播需要献上收场话术，为直播打造闭环。收场话术包括感激与祝福、下一场直播预告、抽奖互动等。

示例如下。

谢谢大家陪我到这么晚，能在直播间遇到大家真的很幸运。

这么多粉丝还在线呀！那我再给大家送一次福利！大家想要手机、平板电脑，还是我的同款 T 恤呀？

明天 20:00，主播和大家不见不散哦。

课堂讨论

根据本节所学知识，试选择几款产品，确定一个主题，撰写直播营销文案流程话术。

课后习题

1　简述主播人设的价值。

2　简述设计主播人设的主要步骤。

3　如何用文案表现或强化主播人设？

4　简述达人主播的优势。

5　简述商家主播直播营销文案的特点。

6　主播直播营销中的流程话术通常分为哪些类型？

PART 04

第 4 章
"带货"型直播营销文案写作

知识目标
（1）了解"带货"型直播营销文案的相关知识。
（2）熟悉让产品卖点可视化的直播营销文案写作方法。
（3）掌握"带货"型直播营销文案话术设计方法。

素养目标
（1）严格遵守广告法的相关要求。
（2）坚持正确消费导向，合理引导用户消费。

4.1 "带货"型直播概述

在直播营销的核心要素"人""货""场"中，"货"指的是直播间推销的产品。"带货"型直播营销文案以"货"为中心，围绕产品卖点、典型场景等展开，最终目的在于推销产品、促进购买。

4.1.1 "带货"型直播的理论基础

产品是"带货"型直播营销文案的重要元素，推动购买是此类文案的主要目的。在实际的直播营销活动中，运用较为广泛的直播营销理论主要有 3 种：AIDAS 理论、FABE 理论和 SCQA 理论。

1. AIDAS 理论

1898 年，E. S. 路易斯提出了 AIDA 法则，认为一则广告要取得预期效果，需要经历引起注意（Attention）、激发兴趣（Interest）、勾起欲望（Desire）和促成下单（Action）的过程。后人在此基础上增加 Satisfaction（促成满意）后，就形成了 AIDAS 理论。

基于该理论，直播营销文案可按照这 5 个步骤展开：①展示产品，引起用户注意；②运用营销手段，激发用户兴趣；③宣传产品卖点，引发用户购买欲望；④加以引导，促成用户下单；⑤强化服务或保证，令用户满意。AIDAS 理论普遍适用于"带货"型直播。

示例文案如下。

今天我要向大家分享我们家的热销产品，昨天的预售就卖出了一千多单。（引起注意）

这款产品集十几种功能于一体，而且每一种功能都很实用，能为你的厨房省出更多空间。（激发兴趣）

但是，第一批产品只有三千台。目前，我们只有一千多个名额了。（勾起欲望）

我们希望直播间的忠实用户能先用上这款产品，享受便利。想购买的朋友，可以直接拍预售链接。（促成下单）

在价格方面，主播为大家争取到了"早鸟价"。为了回馈直播间里陪我播到现在的朋友，我又给大家申请了一张价值 80 元的优惠券。大家"早拍早享受"哦。（促成满意）

2. FABE 理论

FABE 理论在销售领域被广泛运用，用在直播营销文案中也十分有效。该理论将营销活动分为以下 4 个阶段。

F（Feature）：产品性质，即产品的基础功能。

A（Advantages）：产品优势。

B（Benefit）：产品利益，即产品能带给用户什么好处。

E（Evidence）：证据，包括资质证书、获奖证书及奖牌奖杯、权威鉴定报告、好评截图、实地照片、现场实验等。

基于该理论，直播营销文案可按照这 4 个步骤展开：①梳理产品基础信息；②提炼产品卖点优势；③用利益点促使用户购买；④运用证据增强说服力，打消用户顾虑。FABE 理论适用于多数"带货"型直播，尤其适用于推销产品品质好、科技水平高、创新性强等方面较为突出的产品。

示例文案如下。

下面呢，主播和大家分享×××早教学习机。它充分利用 AI 技术，实现了高效的人机互动。它的智能评估系统能准确掌握宝宝学习进度和难点，为宝宝制订个性化的学习计划。（产品性质）

它包含 400 多个趣味游戏项目，全面覆盖了围棋、音乐、科学等 8 大早教课程。对了，它支持双语教学，有利于提升宝宝语言学习能力。（产品优势）

它利用人机互动模式，可以有效激发 3～5 岁宝宝的学习兴趣，帮助宝宝提高思维、认知等多方面的能力，并形成良好的学习习惯。（产品利益）

我们已经在 20 多个城市开展现场体验活动，数千位家长给出了好评。机器在×××展销会上荣获"×××奖"，真的很不错啊。主播自购了 4 台送给侄子、侄女。（证据）

3. SCQA 理论

SCQA 理论通过"场景+问题+解决方案"在产品与用户之间迅速建立联系，有效提高产品的吸引力，从而促进用户购买。该理论将营销活动分为以下 4 个阶段。

S（Situation）：情景，即常在直播营销活动中提到的"场景"。

C（Complication）：冲突。

Q（Question）：问题，即针对冲突而提出的具体问题。

A（Answer）：解决方案，即回应产品如何帮助用户解决问题。

基于该理论，直播营销文案可按照这 4 个步骤展开：①描述用户经常遭遇的一个典型场景；②描述现实场景与理想情景产生的冲突；③抛出导致该冲突的具体问题；④提出产品带来的解决方案。

SCQA 理论普遍适用于"带货"型直播。运用该理论搭建的"带货"型直播营销文案场景感强，容易让用户产生代入感。

示例文案如下。

你新买的一件衣服还穿没多久，就沾上了酱汁。你该怎么办？（情景）

理想的结果肯定是把酱汁完全洗掉，但常规的洗涤方式和洗涤产品很难洗掉这种污渍。（冲突）

有没有一种产品，不仅能有效清除衣服上的顽固污渍，还不伤害衣服呢？（问题）

主播推荐这款×××洗衣凝珠。它可以有效分解各类污渍……试试这款×××洗衣凝珠吧。（解决方案）

> **课堂讨论**
>
> 上述三种直播营销理论各有特色和优势，你对哪种理论最感兴趣？为什么？

4.1.2 "带货"型直播营销文案的常见结构

基于 AIDAS 理论、FABE 理论和 SCQA 理论，"带货"型直播营销文案的常见结构有以下几种。

1. 展示+介绍

按照 AIDAS 理论，"带货"型直播营销文案可由"展示""互动""卖点""引导""保证"5 部分构成。这类文案通常会先展示产品，再循序渐进地介绍卖点和引导用户购买。这类文案结构通常适用于视觉呈现能较为直观地展示产品卖点和优势的产品，如服装、配饰、鞋靴、女包等。表 4-1 所示为某"展示+介绍"文案结构。

表 4-1 某"展示+介绍"文案结构

文案结构	话术示例
展示	很多"粉丝"想看这款衣服。来,让我们的助理试穿一下。(助理穿上衣服后)大家看,是不是很衬身材啊
互动	来,觉得衣服很衬身材的朋友,请在评论区来一波"衬身材"
卖点	为什么这款衣服的上身效果这么好呢?因为衣服的材质好,这是纯羊毛的;腰部的褶皱设计减少了衣服的臃肿感,拉高了腰线
引导	喜欢的朋友点击屏幕下方"小黄车"中的 1 号链接,就可以拍下这件衣服啦
保证	大家拿到货后觉得不合适也不要紧,咱们支持 7 天无理由退换货。大家不用有任何担心

2. 介绍+证明

按照 FABE 理论,"带货"型直播营销文案可由"介绍""优势""利益点""证据" 4 部分构成。这类文案通常会先正式介绍产品,再以证明的方式突出产品的性能或优势等。这类文案在认知度较高、有一定"粉丝"基础的成熟直播间里较为常见,因为用户已经对这些直播间形成固定认知,主播无须太多铺垫就能单刀直入地进入销售主题。这类文案常用于新品推广,尤其是重点产品、利润产品的推广。表 4-2 所示为某"介绍+证明"文案结构。

表 4-2 某"介绍+证明"文案结构

文案结构	话术示例
介绍	一起来看看咱们家的新产品——×××眼霜
优势	这款眼霜是一款由著名的美妆集团×××历时三年研发出来的产品,专门针对初老型肌肤,对抗眼部细纹特别有效
利益点	这款眼霜在旗舰店和专卖店的日常价格都是 500 多元,今天在我们直播间只需要 299 元。这款眼霜真的是除了"小贵"没毛病,它值啊
证据	我们找来了市场上的另外一款×××,价格与咱们的眼霜是差不多的,品牌我就不说了。来,我们现在涂抹一下看看区别。看到没?涂抹我们这款眼霜后,皮肤明显水润起来了,而且不搓泥……

3. 场景+解决方案

按照 SCQA 理论,"带货"型直播营销文案可由"场景""冲突""问题""答案"4 部分构成。这类文案通常会先描述一个情景,抛出一个问题,再引出产品。这类文案在直播营销文案中十分常见,其优势在于让用户感到亲切、对自己有利,更容易让用户放下戒备,被产品带来的利益吸引。表 4-3 所示为某"场景+解决方案"文案结构。

表 4-3 某"场景+解决方案"文案结构

文案结构	话术示例
场景	母亲节马上就到了
冲突	你是不是还不知道送什么礼物给妈妈
问题	平时咱可能忙得无法表孝心,这么重要的日子咱是不是可以表表孝心
答案	礼物选得好,能让妈妈更欣慰。来,挑母亲节礼物,就选这个!主播自用的×××护肤套盒,里面有水、乳、面霜和眼霜……

4.2 产品卖点的可视化传达

产品卖点的可视化传达就是让抽象的产品卖点被用户迅速"看到"，从而激发用户的购买欲望。下面将从用户画像、构建场景、提炼卖点、视觉化呈现 4 个方面来阐述产品卖点的可视化传达。

4.2.1 用户画像

为有效传达产品卖点，主播需深入了解目标用户，以便为其量身定制直播营销文案。

1. 用户画像的含义

用户画像是对目标用户群的综合概括。通过构建用户画像，运营者与文案写作者可了解用户的需求、喜好、行为模式等，从而制定更贴合用户需求的直播营销文案，提高直播间购买转化率。

2. 如何构建用户画像

构建用户画像的步骤如下。

（1）采集用户数据

用户数据可从多个渠道获得，如直播平台的运营后台、第三方数据平台等。目前主流的第三方数据平台有蝉妈妈、抖查查、千瓜数据等。

采集的用户数据应涵盖用户的基本信息，如年龄、性别、地域等。这时应留意，看播用户与成交用户是否匹配。如两者并不完全匹配，可重点参考成交用户画像。图 4-1 所示为某直播间的看播用户画像与成交用户画像。

如果条件允许，还可以采集用户的兴趣爱好、消费习惯等。

（2）分析数据

采集完数据后，需要对数据进行分析，总结用户群体在某些方面的共同特征及差异。这些方面包括消费水平、购买意愿、购买动机等。有的数据无法直接获取，需通过分析获得。例如，用户使用的手机机型，能侧面反映用户的消费水平等。

- 年龄。不同年龄的用户有不同的需求和偏好。18～23 岁用户：年轻用户或大学生群体，爱追求时尚。24～30 岁用户：较年轻用户群体，关注时尚和潮流，也注重实用性，喜欢轻松和娱乐性强的内容。31～40 岁用户：十分关注产品的实用性。40 岁以上用户：更注重产品的易用性和舒适度。

- 性别。女性用户和男性用户的需求和关注点存在一定差异。女性用户倾向于关注产品的外观、适用范围等细节，部分用户有比价的习惯。男性用户更倾向于关注产品的实用性。

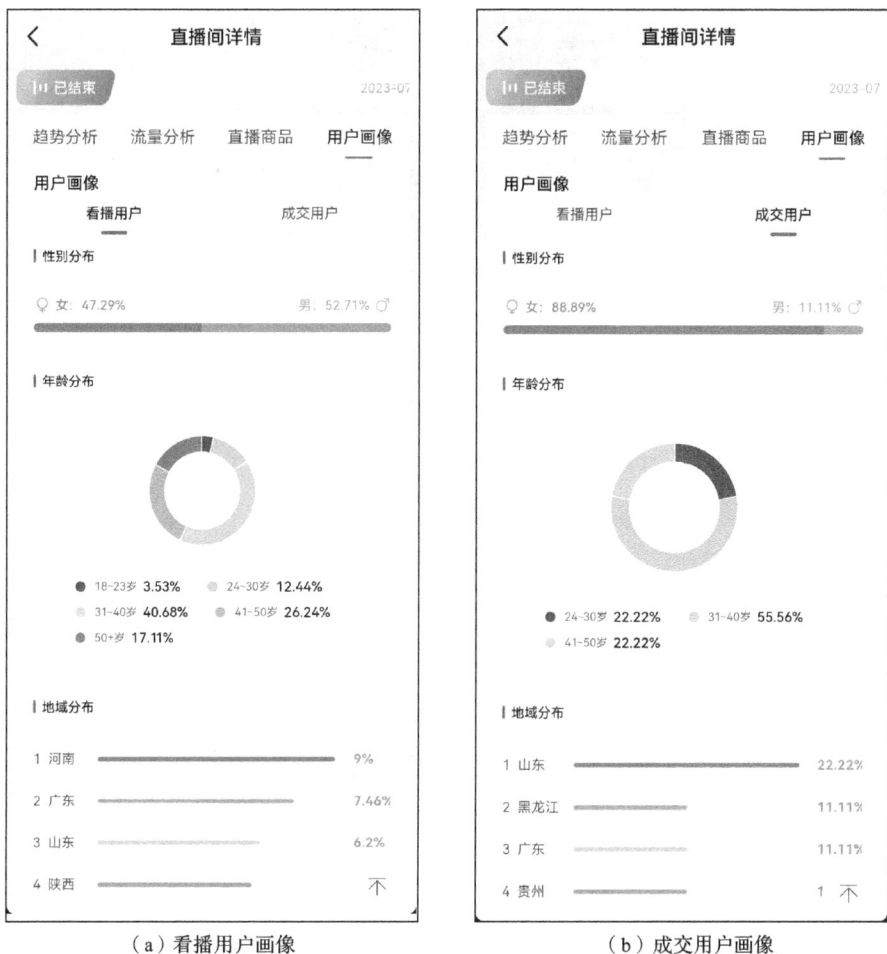

（a）看播用户画像 （b）成交用户画像

图 4-1 某直播间的看播用户画像与成交用户画像

- 地域。不同地区的用户存在一定的文化和经济差异，一线城市用户的消费力较强，对产品各方面的要求更高，对直播间背景设计、主播妆容等也可能更挑剔；其他地区的用户还可以进一步细分，但更重视产品的实用价值和价格优惠。

- 兴趣标签。电商平台会基于算法为用户打上各类标签。图 4-2 所示为抖音平台兴趣标签。它将用户的兴趣分为二十多个大类，每个大类下包含若干子类，有助于商家细分用户，精细化投放流量。

（3）构建用户画像

根据数据分析结果，可为用户群体构建一个完整的用户画像，包括用户的基本信息、兴趣爱好、消费习惯等。

用户画像可帮助运营者与直播营销文案写作者深入了解目标用户，写出更有针对性的直播营销文案。处于运营初期的商家如果感觉用户画像较模糊，就可通过主推产品[①]的卖点反推目标用户画像。例如，强调高效的主推产品，可能吸引的是白领人群；强调时尚的主推产品，可能吸引的是年轻、追求时尚潮流的用户。

---

① 主推产品：直播间主要推广的产品，通常目标用户群较大，利润较可观。

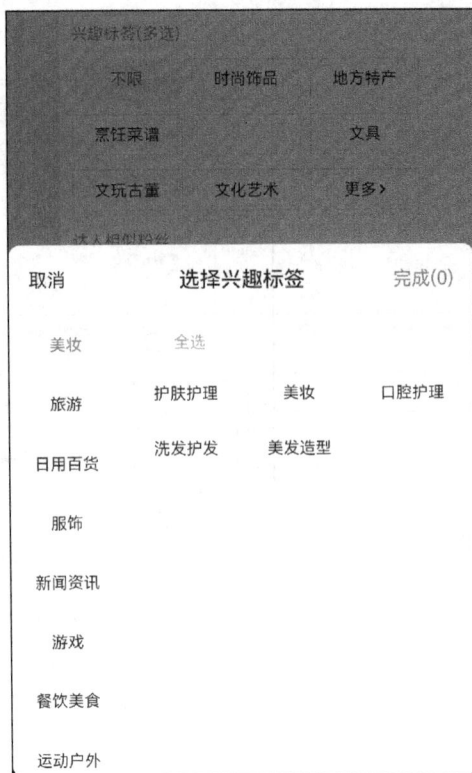

图 4-2　抖音平台兴趣标签

　　试选择一位你熟悉的主播，并通过其视频或直播内容、用户在评论区的留言等推测这位主播的用户画像，再通过第三方数据平台查看该主播的实际用户画像。如果你的推测与实际情况相符，你可与同学分享心得；如果你的推测与实际情况不符，你需要分析清楚原因。

4.2.2　构建场景

　　构建完用户画像后，可据此分析用户使用产品的具体场景，即应用场景。

1. 挖掘用户需求

　　分析应用场景时，应设身处地考虑用户需求和期望等。从用户的角度出发，可以更好地理解用户在使用产品或服务时所面临的问题，从而找到能触动用户的应用场景。

　　具体而言，可从用户"痛点""爽点""痒点"三个角度寻找应用场景。

　　（1）找"痛点"：解决用户的问题和困难

　　"痛点"指用户在使用产品或服务的过程中遇到的问题和困难。这些问题和困难可能源于：①产品设计、功能、性能、价格等方面；②用户的生活场景。收集和分析用户反馈、评价和建议，有利于找出他们在使用过程中的"痛点"。

　　对于一门在线教育课程，用户的"痛点"可能包括课程内容不足、互动性差、操作复杂等。对于一款旅行用品，可以从分析目标用户的出行习惯、旅行频率和目的地偏好等入手，从而找出他们在旅行过程中需要使用该产品解决某些问题的具体场景。

示例如下。

有没有听了一些×××课，却还是感觉没有学到东西，甚至连课程助教都联系不上的同学？

（2）找"痒点"：满足用户渴望实现的需求

"痒点"通常是用户心中的潜在需求，尚未被完全满足。挖掘用户的"痒点"，可以了解用户渴望实现的需求，从而为他们提供相应的产品或服务。

示例如下。

我也买了3瓶，真的太好用了，比什么大牌都强，关键是价格不贵。

为了发现用户的"痒点"，可以关注直播间评论区、社群和相关产品评论区的用户反馈，了解用户在使用过程中渴望实现的需求。以智能手机产品为例，用户的"痒点"可能包括更长的续航、更高的拍照质量和更稳定的系统性能等。找出用户的"痒点"后，可结合产品卖点设计相关场景，将其呈现在直播营销文案中。

（3）找"爽点"：提供愉悦的用户体验

"爽点"指用户在使用产品或服务时的愉悦感和满足感。关注"爽点"，有助于设计吸引用户的直播营销文案，增强用户体验。

示例如下。

同学聚会时，你要是戴着这条手链……

要挖掘用户的"爽点"，可联想用户在使用过程中表现出的喜好和满意度。此外，还可以参考竞品的优点和行业内的成功案例，借鉴其文案中关于用户愉悦体验方面的表述。

"痛点""痒点""爽点"是用户在特定场景下产生购买欲望的关键影响因素。

2. 构建用户故事

用户故事指以用户为主角，描述用户在特定场景下使用产品或服务的经历。构建用户故事，可以更直观地了解用户在实际场景中如何使用产品或服务，从而挖掘出能够满足他们需求的场景。

构建用户故事时，应从以下几个方面展开。

① 用户的背景和需求：描述用户的需求和"痛点"。

② 场景描述：详细描述用户在特定场景下遇到的问题和困难。

③ 产品或服务的介入：说明产品或服务如何在该场景下解决用户的问题，满足他们的需求。

④ 效果和反馈：描述用户在使用产品或服务后的感受和反馈。

示例如下。

设想在一个繁忙的工作日晚上，参加完公司晚宴的你刚回到家。脸上厚重的彩妆，夹杂着油脂和污垢，让你觉得非常不舒服。这时，你可以使用我们今天要推荐的这款洗面奶洗去脸上的不适和疲惫。它清洁力强，还能保护皮肤哦。

打开洗面奶，轻轻挤在手心上，你发现这款洗面奶的质地细腻且易于起泡；在脸上打圈按摩，你会感觉彩妆和油脂被轻松溶解，没有一点儿刺激感。

几分钟后，用清水冲洗干净，你会发现皮肤清爽、光滑而无负担。这款洗面奶真的非常好用，卸妆效果非常棒，关键是一点儿都不刺激皮肤！

3. 创新场景

创新场景是指在基本的应用场景基础上，发掘产品或服务的新使用方式和价值。创新场景，可以拓展产品或服务的应用范围，丰富用户的使用场景。

直播营销文案写作者可尝试将产品或服务应用于不同的场景，探索新的使用方式和价值。例如，一款智能手表可以在运动场景下作为健身助手使用，还可以在工作场景下作为提醒工具提醒用户注意重要事项。

文案示例如下。

在快节奏的生活中，我们都渴望有一个小助手。我手里的这款智能手表就能充当你的小助手！

在运动场景下，这款智能手表可以当你的私人健身助手。它可以实时监测你的运动数据，帮助你更好地了解和调整运动状态，让你的锻炼更加科学、高效。

如果你以为这就够了，那它估计会让你大吃一惊哦。在工作场景中，这款智能手表也是你的得力助手。它能为你设定提醒事项，确保你不会错过重要事项。此外，它还可以与手机同步，让你随时随地掌握日程安排，轻松应对工作挑战。

> **课堂讨论**
>
> 某直播间在介绍一款客单价较高的女包时，着重描述场景，凸显该产品的特质。其营销文案如下。
>
> ①这款女包的颜色挺好看的；②拿它当腋下包，特别好看；③背上它以后，职场工作者的气质一下子就出来了；④参加宴会时，穿一袭晚礼服，再配上这款女包，效果是不是很惊艳？⑤品牌方给这款女包配了一个长肩带，你斜挎这款包，也是很有风情的。你要是背着它走在海边，画面会很美。
>
> 请试着分析这条文案使用了哪些方法来构建场景，你觉得效果如何？

4.2.3 提炼卖点

用户通过直播间购买某款产品，通常是基于产品本身具有的某些功能或特性，即产品卖点。为此，撰写直播营销文案时，需从具体的产品出发，从产品本身的特点中提炼出卖点，并以此打动用户。

具体来说，可从品质、感官体验、设计包装、服务、资质、社交属性、价值共鸣、稀缺、价格、附加值等维度提炼产品卖点。

1. 品质

品质是产品的基础属性之一。用户购买一款产品的前提条件通常是产品具有某些品质，能为用户提供某些服务。示例如下。

这本书能够满足 5～7 岁儿童对世界的探索欲和求知欲。

不同产品具有不同的品质。例如，汽车、儿童玩具、母婴等产品的安全性与用户的切身利益乃至生命安全密切相关，因此涉及这类产品的直播营销文案可着重围绕产品安全性挖掘利益点。示例如下。

书桌边角处用硅胶包裹，安全无毒，还能防止您的孩子磕碰到身体。

2. 感官体验

可从视觉效果、触感、口感、听感、气味等描述产品带来的感官体验。示例如下。

这个×××色泽诱人。一打开包装，香气扑鼻，让人忍不住流口水！口感也十分独特，外酥里嫩，咬下一口，你会听到"咔嚓"的脆响，再嚼上一口，肉的醇香酥脆，真让人欲罢不能！

3. 设计包装

可从外观、款型、花纹、搭配、色彩等方面入手，提炼包装方面的卖点。示例如下。

这款座椅采用人体工学设计，贴合身体曲线。座椅的高度、角度和支撑都经过精心调整，可以让您的背部、腰部和臀部得到充分支撑，有效缓解久坐带来的压力。

4. 服务

有针对性的附加服务能够让用户感到舒适和体贴。涉及客单价较高、退货率较高的产品及知识付费产品等时，直播营销文案中如能增加服务方面的利益点，就能有效促进用户购买。示例如下。

我们会赠送运费险。大家收到货后如果不喜欢或觉得不合适，尽管退货。

您购买课程后，客服会引导您进入学习群。在学习群里，您将拥有更多志同道合的朋友，一起交流学习、共同进步。

5. 资质

资质包括厂房照片、权威证书、品牌背书等。优质品牌具有较高的市场认知度和较完备的产品保障，有的高端品牌产品还可作为用户身份、地位的象征，因此资质也被视作一个较重要的利益点。示例如下。

职场教育知名品牌，给您充分的品牌服务保障。

6. 社交属性

社交属性指的是产品为用户带来的社交价值。示例如下。

世界读书日到了，你如果不知道挑什么书送给朋友，不妨送他一张读书卡！这款读书卡不仅设计精美，还能"解锁"海量图书资源，让收到它的人享受阅读的乐趣。你也不必担心买错书哟。

7. 价值共鸣

价值共鸣指的是通过输出产品包含的理念或文化等增进用户认同。用户购买产品时，有时不仅是为了购买产品，也有可能是想为产品或品牌代表的文化付费，如环保、公益、坚持原创、民族元素等。示例如下。

这件衣服用环保皮草制作而成，我们希望借此减少对大自然的伤害。

8. 稀缺

"物以稀为贵"，具有稀缺性的产品更容易激发用户的占有欲，让用户感到机会难得，不忍心错失机会。示例如下。

这款产品库存不多，只有200套哦。

这件配饰由手工艺人逐个打磨、镂刻而成。懂得这项手艺的人已经不多了。

甜点一入嘴，就能立刻唤醒你对家乡的记忆。

9. 价格

一般而言，价格不是决定用户购买一款产品的唯一因素，但会对用户的购买行为起到重要影响，尤其是对于技术门槛不高、覆盖人群较广、使用频率较高的大众消费品。为突出价格方面的利益点，直播间商家常使用比价、拆解成分等方式展现产品的价格优势。示例如下。

这款洗衣液的日常价为35元/袋。在我的直播间，现在你花60元就能买到2袋，我还有赠品送给你呢。

10. 附加值

附加值主要指赠品的价值，如附赠课程、社群交流答疑、拍一发三等。附加值有利于提高产品的性价比，让产品在与竞品比较时，优势更突出。示例如下。

您购买我们的整理收纳课程后，我们还为您提供专属社群交流答疑服务。在这里，您可以与同样热爱家居的朋友分享心得、交流经验，共同成长。

值得注意的是，不是所有卖点都要在一篇直播营销文案里呈现。一篇直播营销文案重点突出几个核心卖点就可以了。以某款便携式水杯为例，其直播营销文案列出的卖点如下。

① 杯身使用的是食品级材质（品质）；

② 水杯耐高温，遇开水不变形、无异味；水杯耐低温，夏季装满果汁放冰箱，方便又卫生（品质）；

③ 水杯容量大，有背带，有安全卡扣，可以做到滴水不漏（品质、设计）；

④ 不管你是外出跑步还是陪家人旅游，用这款水杯装水都十分方便（社交属性）。

根据该直播营销文案，不难判断：商家推销这款水杯时，侧重于强调水杯的品质。相应地，用户据此获得的产品信息也更多围绕产品品质。

课堂讨论

选择一款产品，试着围绕产品卖点写一段直播营销文案，并和老师、同学交流一下，看谁写得好。

4.2.4 视觉化呈现

在直播营销活动中，还可以结合视觉化手段突出产品卖点。

1. 屏幕（视频）展示

屏幕（视频）展示是一种常用的视觉化呈现手段，可以通过播放产品卖点介绍视频、PPT等方式，生动地展示产品的特点、功能和使用场景。商家可使用较大尺寸的LED屏作为直播间背景，也可以通过绿幕抠图在背景中植入视频。

LED 屏布景的优点有：用户视觉体验较好；内容更换方便；配合主播讲解进行动态展示，提升视觉效果和营销氛围；等等。当然，LED 屏成本较高。相比之下，绿幕抠图可作为其替代方案。

图 4-3 所示为一名主播站在 LED 屏前讲解护肤产品的场景。主播利用塑造的护肤专家人设与 LED 屏授课形式，营造出"护肤课堂"氛围感，能增加用户信任，达到更好的直播间转化效果。

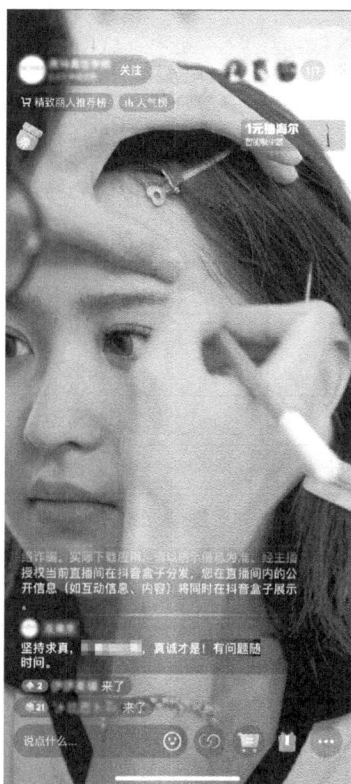

2. 产品现场展示

现场展示是直播营销的重要环节。主播可以通过现场展示产品实物，并配合试吃、试穿、试用等方式，向用户展示产品的细节、材质、质感和使用效果等。

在图 4-4 所示的直播场景中，主播一边为模特化妆，一边向直播间用户讲授化妆技巧，从而促使直播间用户下单购买课程或其直播间美妆产品。

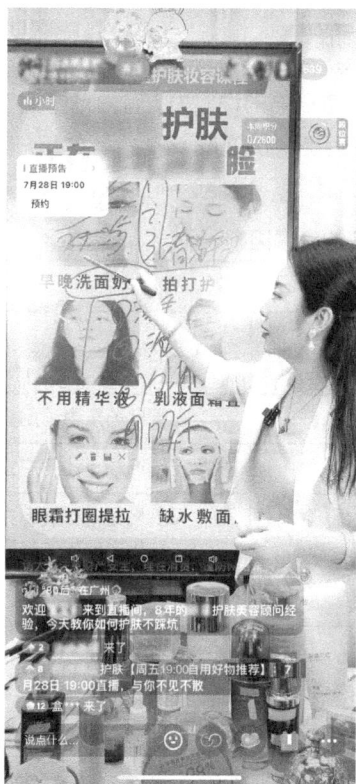

图 4-3　一名主播站在 LED 屏前讲解护肤产品　　图 4-4　直播间现场化妆教学

3. 现场实验

很多主播的直播间会进行趣味小实验。现场实验可让用户直观地感受产品的性能和效果，还能吸引用户观看，延长用户停留时间。

例如，在某直播间中，主播为了证明产品所用的棉材质较好，就挑选了一块劣质棉和产品所用的棉一起烧。劣质棉在燃烧时冒黑烟，烧完是黑色胶状物；产品所用的棉在燃烧时冒白烟，烧完变为灰烬，如图 4-5 所示。

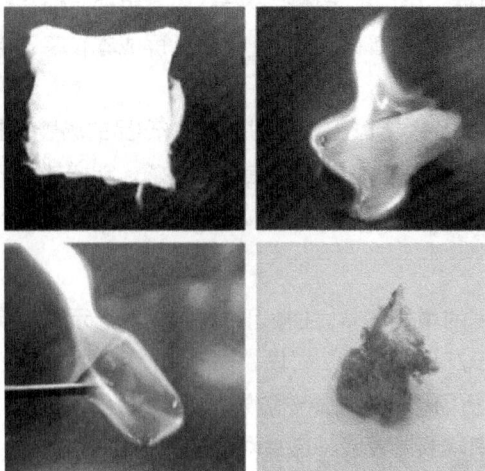

图 4-5　两种材质燃烧对比实验

对比实验让用户直观地感受到产品优劣的差异，有很强的说服力，有力地打消了用户对产品的疑虑。而且，这样的实验往往轻松、有趣，能引起用户的好奇心，留住用户。

进行产品实验时，主播可事先考虑表 4-4 所示的因素，以便达到预期的实验效果。

表 4-4　进行产品实验前的考虑因素

考虑因素	分析	示例
时间	时间来不来得及，需要多久完成，同一时间内可以安排哪些事	一边煮面，一边讲解产品卖点
空间	背景怎么搭建，空间需要多大等	在厨房场景中试用餐具
操作便捷性	操作的难易程度，观众能否一目了然	演示玩具玩法，让用户立刻学会
道具	如果是趣味演示，是否需要道具？如电子秤、直尺、打火机等	用打火机烧面料，展现劣质面料与优质面料的差别
搭档	是否需要他人协助，人员如何分工	助播试穿衣服，主播互动答疑

4. 小道具

小道具可以帮助主播更生动地展示产品的卖点。

在图 4-6 所示的直播场景中，图 4-6（a）中的主播使用白板作为道具，补充了"引流"产品的卖点信息，这样她就不必反复讲述该产品的卖点信息；图 4-6（b）中的主播以车间服作为道具，营造出"车间直播"的氛围，给用户"源头厂商带货"的暗示，也能促进用户购买。

5. 直播间贴片

直播间贴片可以将产品的关键信息、优惠信息等以文字、图片等形式展示在直播屏幕上，帮助用户更好地理解产品的卖点。直播间贴片分为两种，一种是包框贴片，一种是悬浮贴片。

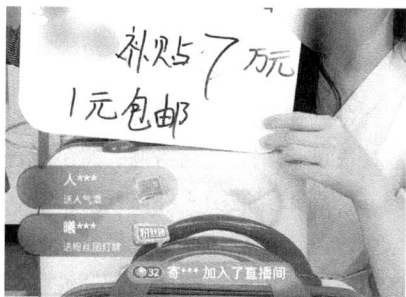

（a）白板　　　　　　　　　　　　（b）特殊服装

图 4-6　主播的道具

（1）包框贴片

包框贴片是一种以上下或上下左右包围式呈现在直播间的贴片形式。当用户观看直播时，承载营销信息的包框贴片会全屏显示在直播间画面上，以吸引用户的注意力并提供营销信息。

包框贴片可用于集中推广产品、品牌宣传或提供特定的优惠信息，以引导用户下单。大促销时期，直播间竞争激烈，有的直播间会使用包框贴片，如图 4-7 所示。

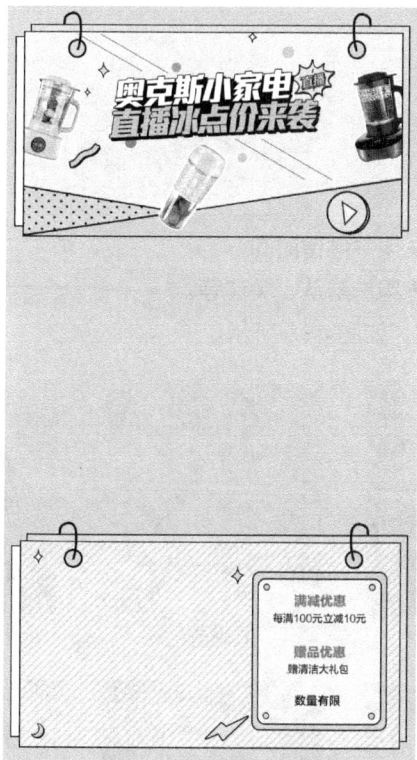

图 4-7　包框贴片

使用包框贴片时，应注意以下几点。

• 贴片中可加入"大促""宠粉"及大促节点，如"双十一""6·18""品牌日"等营销文案。

- 上下贴片联合使用的效果更突出。
- 可选择不同配色方案，但尽量追求统一。

例如，大红配色，适合营造喜庆、热闹的氛围，并且红色有利于刺激用户购物；粉嫩配色，投合以年轻女性为主的用户群的喜好，可增加直播间的亲和力；商务蓝、黑金配色，适用于售卖 3C 数码等高科技产品的直播间，可吸引理性、高知男性用户群体；清新绿、清新蓝配色，清爽悦目，适合夏天售卖快消品的直播间，可透露产品健康、安全等信息；冰雪白配色，适合售卖反季羽绒服等产品的直播间；品牌色，日常使用时可突出品牌调性，大促时使用则能使品牌色和产品相互呼应，达到更好的视觉效果。

（2）悬浮贴片

悬浮贴片是一种浮动在直播画面中部或侧边的广告形式。当用户观看直播时，悬浮贴片会以浮动、半透明的方式显示在直播画面上，不会完全遮挡直播内容。

悬浮贴片可提供与直播内容相关的推广信息、品牌宣传或特别优惠等。这种形式能够在不影响用户观看体验的前提下，为直播间产品等提供曝光机会，增加与用户的互动。

悬浮贴片虽小，但用处很多，如下所示。

- 补充产品卖点信息。
- 邀请用户"拉新"。
- 邀请用户关注。
- 邀请用户进群。
- 介绍赠品福利。
- 补充物流情况。
- 强调免费试用福利。
- 进行抽奖预告，延长用户停留时间。
- 补充主播信息，便于用户辨认、关注等。

悬浮贴片也有很多形式，如图 4-8 所示。

补充卖点　　　　　　邀新　　　　　　邀关注

邀进群　　　　　　介绍赠品　　　　　　介绍物流

图 4-8　悬浮贴片的形式

免费试用 + 运费险　　　　抽奖预告　　　　补充主播信息

图 4-8　悬浮贴片的形式（续）

6. 用户现场分享

邀请已使用产品的用户在直播间现场分享使用体验和心得，可以增加其他用户对产品的信任。例如，在推广一款吹风机时，可邀请借助此款吹风机成功完成造型的用户在直播间现场分享其使用技巧和使用感受，让其他用户直观感受产品的效果。

7. 现场对比竞品

通过与竞品进行现场对比，展示产品在性能、设计、材质等方面的优势，有助于增强用户的购买意愿。

在图 4-9 所示的直播间中，主播通过测温仪器对比了一下自己直播间售卖的裤袜和竞品的升温效果，结果显示直播间售卖的裤袜升温效果更明显，从而有力地说明了产品的保暖效果。

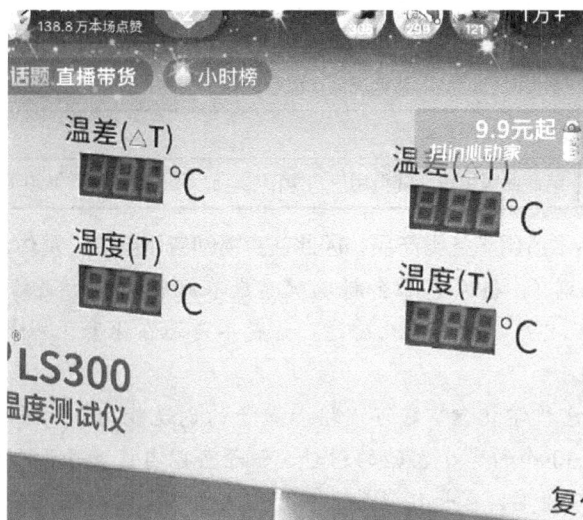

图 4-9　裤袜保暖效果对比测试

8. 设计互动展现

主播可设置有趣的互动环节，如答题、抽奖等，吸引用户参与，同时在互动过程中巧妙地穿插关于产品卖点的介绍。例如，在推广一款儿童玩具时，主播可以设计一个竞猜游戏，让用户猜测玩具的功能或使用方法，从而增强用户对产品的兴趣和好奇心。

利用好以上 8 种视觉化呈现产品卖点的方法，主播就能有效地突出产品的优势，增强用户的购买意愿。灵活运用多种方法，可以让直播内容更多元，吸引不同类型的用户，提高直播间的吸引力和传播力。

> **课堂讨论**
>
> 利用课余时间采集若干直播间视觉化呈现产品卖点的案例，以截图、照片或视频等形式保存下来，在课上与老师、同学交流这些方法的亮点和特色。

4.3 "带货"型直播营销流程话术

在"带货"型直播中，直播营销流程话术应主要围绕"货"来设计。下面介绍三种常见的"带货"型直播营销流程话术。

4.3.1 场景"带货"话术

主播可以通过场景创造需求，以此引出产品，再通过促销手段引导用户下单。场景"带货"话术流程如表 4-5 所示。

表 4-5 场景"带货"话术流程

序号	话术流程	说明
1	搭建场景	用简短的语言构建一个与用户相关的场景，吸引用户注意
2	描述场景	生动描述该场景，直击用户"痛点"等，引导用户做出购买行为
3	引出产品	不失时机地推出某款产品，以帮助用户应对前述场景
4	介绍卖点	详细介绍产品卖点
5	优惠促销	结合促销手段，降低用户决策门槛，让用户更容易下单购买

这类"带货"话术适用于各类产品，因此在直播间应用颇广。具体示例如下。

儿童节马上就到了，很多家长会挑选玩具或衣服作为礼物送给孩子。（搭建场景）

有没有感觉送玩具或衣服有点儿普通？你是不是还在琢磨，送什么礼物给孩子更有意义？（描述场景）

我推荐一款创意科学礼盒，它可以培养孩子的创造能力和动手能力。（引出产品）

这款礼盒包含 30 个科学小实验的材料，孩子可以自己动手做磁铁等小实验，非常好玩。实验步骤比较简单，家长可以带着孩子一起做，也可以让孩子独立操作。它适合 7~10 岁的小朋友。在做实验的同时，孩子还可以学习科学常识，培养逻辑思维能力……（介绍卖点）

大家看了是不是有点儿心动？主播今天大方送福利啊！儿童节特惠价，这个礼盒只要 188 元。下面请助理上架！（优惠促销）

> **课堂讨论**
>
> 试着套用场景"带货"话术流程，为某个产品编写一则简短的话术。

4.3.2 互动"带货"话术

随着涌入直播赛道商家的增多，"带货"直播间为了延长用户的停留时间，通常会采用很多互动方法。在这种情况下，互动"带货"话术越来越常见。

互动"带货"话术主要通过在介绍产品的间隔插入互动话术，提升直播间热度或吸引用户关注。这类话术主要适用于渴望增加"粉丝"量、延长直播间用户停留时间的直播间。互动"带货"话术流程如表 4-6 所示。

表 4-6　互动"带货"话术流程

序号	话术流程	说明
1	引出产品	开门见山地介绍产品
2	卖点介绍	细致介绍产品的一个卖点
3	互动	与用户互动，提高直播间热度或吸引用户关注
4	卖点介绍	细致介绍产品的另一个卖点
5	互动	与用户互动，提高直播间热度或吸引用户关注
6	促单	以上流程可循环使用，直至促单成功

互动"带货"话术适用于大众认知基础较好、购买频次较高、客单价较低的产品，如日化产品等。具体示例如下。

1 包不到 1 块钱，还加长加厚——对，就是这款纸巾。（引出产品）

不管你是宝妈、上班族，还是小朋友，纸巾都是少不了的。普通纸巾太薄，容易破，我们这款是加大加厚的，遇水不破，使用了竹纤维。（卖点介绍）

想要的伙伴，请在评论区打个"要"。（互动）

这款纸巾没有添加防腐剂，母婴也可以放心用！今天主播很开心，直接将福利分享给大家：平均 0.9 元钱一包，整整有 16 包。（卖点介绍）

价格是不是很"给力"？没点"关注"的朋友，对不起，我只"宠"自己的"粉丝"。来，左上角的福袋，大家参与一下。（互动）

不等了，请运营统计人数。我要带大家"上车"了！（促单）

课堂讨论

留意一些直播间的互动"带货"话术，分析这类话术的好处是什么，适合哪些品类直播间。

4.3.3 多轮"种草带货"话术

对于决策成本稍高的产品，如单价稍高、购买频次较低的大品牌箱包，本来不被用户熟知，需要反复介绍才能引导用户购买的知识付费产品等，需要使用多轮"种草带货"话术。

多轮"种草带货"话术以多次的话术作为铺垫，旨在引导用户逐渐打消顾虑、强化信任，从而产生购买需求和做出购买行为。多轮"种草带货"话术流程如表 4-7 所示。

表 4-7　多轮"种草带货"话术流程

序号	话术流程	说明
1	引出主题	通过创建场景、描述"痛点"等方式引出主题，或进行简单互动暖场
2	第一轮"种草"	通过介绍卖点、营造场景等方式，进行第一轮"种草"
3	第二轮"种草"	通过介绍其他卖点、引导互动等方式，进行第二轮"种草"
4	第三轮"种草"	通过介绍其他卖点、引导互动等方式，进行第三轮"种草"

多轮"种草带货"话术综合运用了多种话术，较为复杂，但在推广利润较高的产品方面往往具有较好的效果。具体示例如下。

喜欢时尚的伙伴、爱自己的伙伴，今天一定不要错过我的直播间。

为什么一到重要场合，你就感觉自己缺饰品，搭配半天，还是出不了门？那是因为你缺少一款撑场面的包包。这只包包，是×××家的经典款。包身是经典的黑金配色，印有金标 Logo；包带由皮带和链条编织而成，非常有"香奶奶"的味道。关键是，今天是特惠专场，价格还非常实惠。今天本来是"宠老粉"专场，但是刚才有很多新进来的伙伴，大家"关注"一下我，我也给"新粉"一样的优惠价格。（引出主题）

伙伴们，对于这个经典款的包包，大家完全可以"闭眼入"，因为背上它很有气质。×××毕竟是大品牌，产品质量有保证，设计也时尚，你背几年都不会过时。屏幕左上角的福袋，请大家领一下。买包跟买黄金一样，都有收藏价值。这款包包以后会不会涨价，我也说不准。喜欢这款包包的伙伴请直接拍下它。纠结犹豫的，听完讲解再理性付款。来，×××元，请助理上架。（第一轮"种草"）

这款包包分为金标款和银标款两种。金标款很受欢迎，价格也高，但今天我以不高于银标款的价格卖给大家。感谢现在还留在直播间的伙伴，接下来给大家送一点儿福利：×××品牌的手口湿巾，10 包只卖××元。一包的价格还不到一元钱哦。这款包包的皮质非常柔软，拿在手里你会觉得非常舒服。大牌产品的质量就是好。刚才拍了的还有多少没有付款的？（助播：还有 9 个。）请犹豫的伙伴把机会让出来，最后几单，大家抓紧了。（第二轮"种草"）

其实你不需要专门买价格昂贵的包包，但你的衣橱里一定要有一款足够精致的包包。我带大家看看这款包包的细节。这款包包非常精致，是×××品牌的经典款式，而且大小合适，通勤背它也很方便。包内里有 3 层，包含 6 个卡包，背面还有一个小夹层，装小物品特别方便，还安全。关键是，咱的包包这么好看，你和朋友出去，背着它，真的会很美。注意，库存不多了，请大家抓紧时间。（第三轮"种草"）

课堂讨论

与场景"带货"话术与互动"带货"话术相比，多轮"种草带货"话术有哪些特点和优势，更适合哪些品类直播间？试与老师、同学进行讨论。

课后习题

1　简述"带货"型直播的理论基础。

2　简述"带货"型直播营销文案的常见结构。

3　产品卖点的可视化传达包含哪些环节?

4　如何通过直播间画面传递产品卖点?

5　"带货"型直播营销流程话术有哪些类型?

PART 05

第 5 章
活动型直播营销文案写作

知识目标

（1）了解活动型直播营销文案的相关知识。

（2）熟悉活动型直播营销文案写作方法。

（3）掌握活动型直播营销文案话术设计方法。

素养目标

（1）严格遵守广告法的相关要求。

（2）坚持正确消费导向，合理引导用户消费。

5.1 活动型直播概述

当直播成为一种颇具影响力的营销手段，动辄可吸引上万名甚至千万用户时，活动型直播也凭借其独特魅力和创新性，吸引了众多品牌和商家的关注。

活动型直播将直播与主题活动结合起来，不仅能为用户带来沉浸式观看体验，还能有效提升品牌知名度和产品销量，助力品牌在激烈的市场竞争中脱颖而出。

5.1.1 活动型直播的理论基础

活动型直播虽然采用活动与直播结合的形式，但本质上仍是一种营销活动，其理论基础主要来自事件营销及"SIPS"模型理论，具体如下。

1. 事件营销

事件营销理论主张通过举办各类活动来吸引目标用户，打造影响力事件，提高企业、品牌或产品的知名度和美誉度。事件营销包含各类线上线下活动，如新品发布会（见图5-1）、主题沙龙、主题晚宴、主题庆典等。这些活动与直播结合后，就表现为各类主题的活动型直播等。

图 5-1　某数码产品新品发布会直播

按照事件营销理论，这些直播活动又分为：主动式和借力式两种。

（1）主动式活动型直播

主动式活动型直播是指由品牌方结合自身的营销需要，主动策划、发起的活动型直播。主动式活动型直播通过直播形式，制造"声浪"和热点，提高品牌或产品的曝光度，从而扩大品牌影响力，并带动产品的销售。

典型的主动式活动型直播，如抖音平台的"美好奇妙夜"直播、华为品牌的"华为 Mate 40 系列新品发布会"直播、秋叶品牌 2023 年的"秋叶同学会 9 周年狂欢会"直播（如图 5-2 所示）等。

图 5-2　"秋叶同学会 9 周年狂欢会"直播海报

（2）借力式活动型直播

借力式活动型直播则是品牌方借助重要营销节点或突发事件等，结合自身的营销需求，顺势推出的活动型直播。

借力式活动型直播在借助突发事件或话题热度扩大品牌影响力的同时，还能亲近用户、赢得用户的好感或共鸣。例如，在每年的 5 月 20 日，很多直播间开展的"'5·20'浪漫之夜""'5·20'告白'宠粉'"直播等，都充分借助了"5·20"这个重要营销节点来推销产品、提高品牌曝光度或用户好感度。

图 5-3 所示为在 2023 年 5 月 20 日，某奶茶品牌借助"5·20"的热度开展的首场直播。作为对用户的回馈，直播间所售的产品折扣较大。这场直播的最高在线人数超过 8 万，单日成交额突破了 1 亿元，其中，某个奶茶组合的成交额超过了 1300 万元。

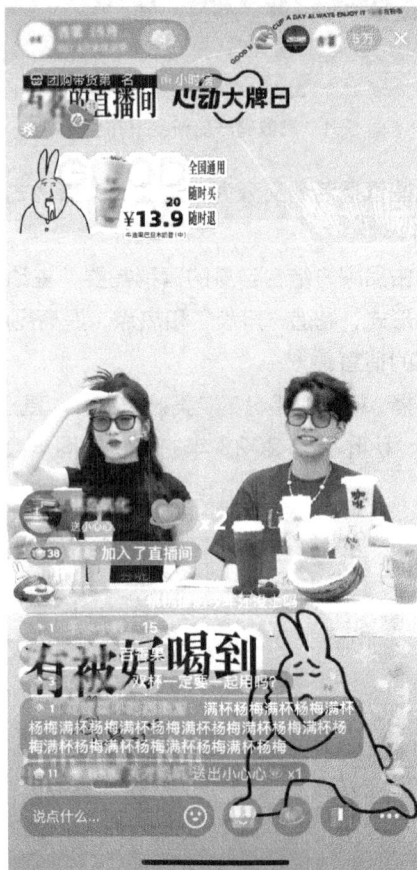

图 5-3　某奶茶品牌"5·20"直播

2. "SIPS"模型

"SIPS"模型（见图 5-4）中的 S 即 sympathize（共鸣），I 即 identify（识别），P 即 participate（参与），S 即 share and spread（分享与传播）。该理论认为，品牌方直播营销活动通过精准的定位挖掘用户需求，激发用户认同，并以此作为用户消费行为的触发器；通过活动提升用户对品牌的认知，吸引用户参与并分享和传播。依据该理论，活动型直播可包括 4 个阶段。

图 5-4 "SIPS"模型

① S（共鸣），即通过精准的定位挖掘用户需求，激发用户认同。为此，商家需完成以下动作，如图 5-5 所示。

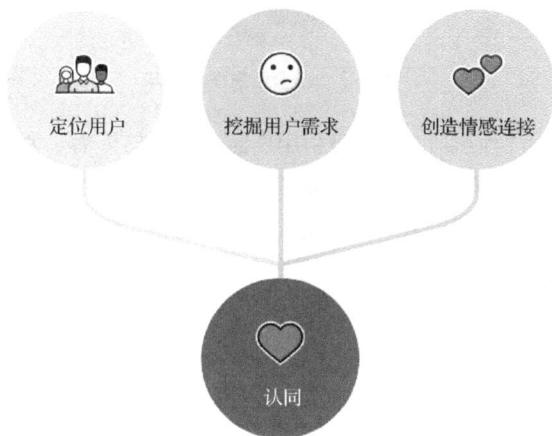

图 5-5 激发用户认同

② I（识别），即通过活动或主题包装，提高用户对品牌及其直播营销活动的认知度。为此，商家需完成的动作如图 5-6 所示。

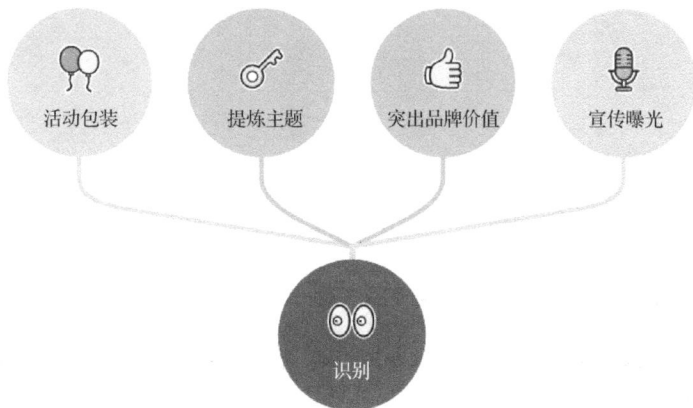

图 5-6 设计便于用户识别的活动

③ P（参与），即吸引用户参与直播营销活动。为此，商家需完成的动作如图 5-7 所示。其中，"提供共创机会"指鼓励用户分享想法、创意或故事，从而让商家与用户一起打造有趣的直播体验。

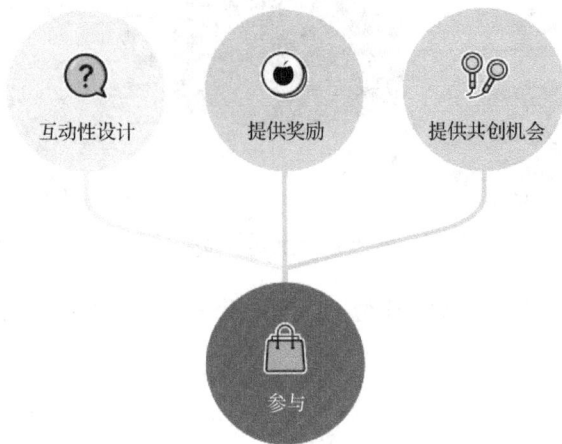

图 5-7　吸引用户积极参与

④ S（share and spread），即吸引用户自主分享与传播。为此，商家需完成的动作如图 5-8 所示。其中，"提供分享工具"指简化用户分享的流程，提供便捷的分享工具（如现场演示流程、告知打卡话题名称、总结活动金句、提供活动中的有趣表情包等），鼓励用户主动分享；"创造传播价值"指为分享设计有趣和引人入胜的内容，从而升华活动主旨，激发用户分享与传播的欲望等。

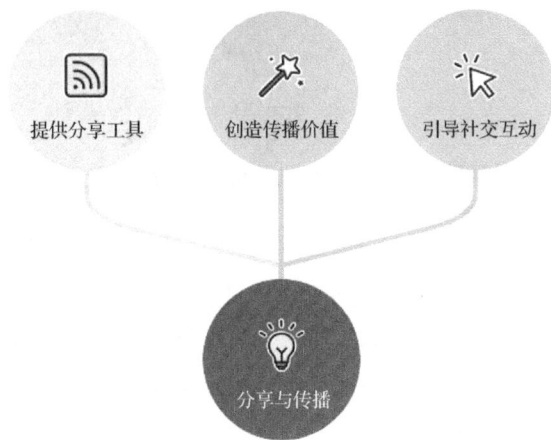

图 5-8　吸引用户自主分享与传播

课堂讨论

结合本节内容，和老师、同学聊一聊，要组织好一场活动型直播，需把握好哪些关键点，做好哪些充足准备。

5.1.2　活动型直播的主要特点

当下，越来越多的品牌方选择以直播的形式进行品牌宣传。手机品牌小米就曾多次借助活动型直播为新品发布造势，在互联网引起热烈反响。

活动型直播需跟随具体活动同步开展，与其他直播活动相比，面临的复杂因素更多，如直播平台不确定、直播时间不稳定、直播频率较低、直播主题不一致、需同时顾及线上线下等。具体而言，活动型直播具有以下主要特点。

1. 主播特点：以品牌方为主体

相较于"带货"型直播、人设型直播，活动型直播主要围绕品牌活动开展，直播频率较低，品牌方直播活动的账号可能不一样，且选择的直播平台可能也不同，有时候也会在全网多个平台同时开展直播。此外，一场活动型直播可能涉及活动现场的多个人物、多个机位，镜头也会经常切换，较少指定专门的主播；即使活动现场有主持人或指定的主播，直播内容也主要围绕品牌活动展开，以品牌方为主体。

品牌方通常会在全网多个新媒体平台布局账号矩阵，从而为品牌做全方位的宣传。例如，小米品牌在抖音、快手、视频号、微博、B站等多个平台开设了账号，在每个平台组建了账号矩阵，如"小米手机""小米公司""小米""小米智能生态""小米电视""小米商城"等。

2. 用户特点：品牌用户+流量聚集

正因为活动型直播的直播平台、直播账号和主播都可能不一致，直播偶然性较强，难以培养账号用户日常观看直播的习惯，所以直播间的用户通常也不固定。在此情况下，用户流动性较大，偶然性较强。活动型直播的主要流量源于品牌、嘉宾及平台。

品牌方一般会拥有忠实于自己的用户，这些忠实用户会密切关注品牌的相关活动和动向。当品牌有新品发布会或直播福利活动时，得到消息的忠实用户群体会聚集到直播间观看直播和参与互动。例如，每当小米有新品首发活动时，其忠实用户群体"米粉"就会在第一时间去活动平台蹲守直播间，在直播间参与抢购。

活动型直播要想吸引更多用户观看，为新品宣传造势，一般会邀请品牌代言人、艺人、"网红"或行业"大咖"等自带流量的嘉宾来直播间做客，吸引更多流量。这些嘉宾往往拥有庞大的"粉丝"群体，这些"粉丝"群体往往也会关注嘉宾参与的直播活动。

此外，品牌方举办大型直播活动时一般会在直播平台投放广告，甚至会以平台开屏广告和头条的形式抢占用户注意力，所以直播间的偶然性用户、来自直播广场的用户，即泛流量用户也占据一定比例。例如，在小米某款新品手机和计算机发布时，其创始人进行了一场全网多个平台共同直播的演讲活动，并回馈给特定用户价值为1999元的红包。这次演讲活动成为业内外关注讨论的热点，是一次较成功的品牌活动。

综合来看，活动型直播的用户群体虽然较为多元和复杂，但总体就是品牌用户和依靠嘉宾及平台聚集的用户。

3. 直播形式：品牌活动+综艺

活动型直播目前主要有以下三种形式。

一是和头部主播合作，在主播的直播间进行专场直播宣传及新品售卖。例如，在某头部主播的直播间，经常会有品牌专场直播，有时品牌方还会露面和用户交流互动。

二是品牌方用品牌自身账号开启直播，通常在全网多个平台，甚至品牌矩阵中的多个账号同时进行，某些品牌还会邀请艺人和行业"大咖"来活动现场"暖场"助阵。

三是品牌创始人参与直播。例如，格力董事长董明珠、小米创始人雷军等的知名度较高，本身就自带流量，参与直播往往会带来不小于头部主播的影响力。

不管采用上述哪种形式，活动型直播都通过在品牌活动中融入综艺元素，吸引用户。为了加大品牌宣传的力度，直播可能涉及演讲、用户互动、节目表演等方面，宛如大型晚会。

5.1.3　活动型直播营销文案的常见结构

基于事件营销理论与"SIPS"模型，活动型直播营销文案通常由 8 个部分组成：先导性内容、品牌及活动介绍、活动展开及用户引导、产品"抢拍"、热销品推荐、案例佐证、敦促下单、闭幕总结。

1．先导性内容

先导性内容就是活动型直播的预热，它可以吸引用户注意力，让用户对直播产生兴趣。一般而言，先导性内容包括热场互动、播放音视频及讲话片段等。这些内容可以让用户更好地了解直播的主题和内容，从而更好地参与直播活动。

① 热场互动：主播可以通过自我介绍、发送红包等方式提高用户参与度，也可以通过设置红包任务，激发用户的积极性，活跃直播间气氛。

② 播放音视频及讲话片段：在直播正式开始前，主播还可以播放与主题相关的音视频或品牌负责人的讲话片段等，引起用户的共鸣和思考。

2．品牌及活动介绍

品牌及活动介绍是直播营销活动中比较重要的部分，旨在为用户提供品牌和活动信息，为后续的互动和活动做铺垫。主播在这一环节既需要吸引用户的注意力，又需要让用户对品牌和活动产生兴趣。此类直播营销文案可围绕以下 4 个方面展开。

① 品牌介绍：简要介绍品牌定位、核心价值和特色产品，让用户了解品牌的背景和优势，增加用户对品牌的信任和认同。

② 活动介绍：对活动的主题、内容和形式进行详细说明，包括活动时间、亮点、参与方式等；同时要强调活动的独特性和吸引力，让用户产生参与欲望。

③ 承诺与保障：给出关于直播活动的承诺，如真实性、公平性等；同时向用户介绍活动的规则，以及用户在活动过程中会享受哪些福利，并强调优惠政策的透明度。这有助于增加用户对活动的信心，也能提高用户的参与度。

④ 互动与激励：为鼓励用户积极参与直播活动，主播可以设计一些互动环节和奖励机制，如红包抽奖、优惠券发放、用户问答等。

3．活动展开及用户引导

直播活动正式开始后，可能会出现两种情况：第一种情况是，主播作为主持人，组织开展活动。这时其直播营销话术不仅包括引导活动的部分，还包括互动部分；第二种情况是，主播邀请嘉宾主持活动，自己则仅仅引导用户进行互动。活动引导文案，视具体活动而定。以下介绍常见的主播引导与互动类型。

① 互动环节：主播可设计多种富有趣味性的互动环节，如答题、猜谜、用户提问等。这些环节既能提高用户的参与度，也有助于传递品牌和产品信息。同时，为了激励用户积极参与，主播可以设置一些奖励，如红包、优惠券、实物礼品等。

② 营销宣传：在直播过程中，主播需要适时地对品牌和产品进行宣传推广。这可以通过展示产品实物、分享用户评价、讲解产品特点等方式实现。主播应用生动形象的语言和表现力，让用户更好地理解产品的价值和优势。

③ 引流动作：为了吸引更多用户关注直播间，主播可以采用一些引流策略，如主动邀请关注、提示"粉丝"福利等。

④ 贴心指南：介绍产品时，主播可以贴心地为用户提供选购建议和"避坑"指南，如分享选购标准、如何挑选优质产品、如何辨别正品和仿品等。这些实用信息能帮助用户做出更明智的购买决策，从而提高他们对品牌和产品的信任度。

4. 产品"抢拍"

主播可视时机进入产品"抢拍"环节。产品"抢拍"是一种非常受欢迎的营销方式，能在短时间内提高直播间的人气。在这个环节中，主播可通过优惠活动吸引用户积极参与。注意事项如下。

① 规定时间。主播应力争在规定的时间内，以颇具竞争力的价格，销售数量有限的产品。这种紧迫感和稀缺感能激发用户的购买欲望，迅速提升直播间销售业绩。

② 推广"引流"产品。在该环节中，主播通常选择具有较高人气和吸引力的"引流"产品进行推广。这些产品既能满足用户的需求，也有助于提高直播间的曝光度。在介绍"引流"产品时，主播要充分展示产品的优势和特点，确保用户对产品的价值有充分了解。

③ 激发用户热情。为确保促销活动成功，主播需要在活动过程中激发用户的热情，可佐以预告"抢拍"信息、设置倒计时、实时播报"抢拍"进度等技巧。此外，主播还可以通过互动答题、抽奖等环节，保持用户的参与度，确保活动顺利进行。

主播要确保活动公平公正，因此应公开展示"抢拍"规则和进度，并在活动结束后及时公布结果，以免引起用户的不满和猜疑。

5. 热销品推荐

完成上述环节后，就可以正式进入热销品推荐环节。在这一环节中，主播需要悉心挑选出热门且备受好评的产品，按顺序进行详细介绍，并引导用户下单购买。在这一环节中，主播的专业知识、表达能力和推荐技巧都会影响用户的购买意愿。

① 卖点介绍。主播推荐热销品时，要对产品的特点、优势和使用方法进行详细介绍，可佐以产品实物、试用视频等。主播需用生动形象的语言和表现力，让用户更好地理解产品的价值和适用场景。

② 引导下单。介绍热销品时，主播需巧妙地引导用户下单购买。这可以通过设置价格优惠、推出独家套餐、提供售后保障等方式实现。主播要善于捕捉用户的购买信号，及时回应用户，甚至可以提供个性化的购物建议。

6. 案例佐证

在案例佐证环节中，主播要通过分享真实的产品使用案例或服务经历来证实产品或服务的优势和效果。该环节可有效增加用户对产品或服务的信心，从而做出购买决策。

① 真实可信。主播要确保分享的案例具有真实性和可信度。案例应来源于真实的用户体验、评价或推荐。主播要描述产品或服务的实际效果，不做夸大或虚假宣传。

② 多样化手段。在进行案例佐证时，主播可采用多种手段来展示案例。例如，组织直播连线，让老用户亲身分享使用心得；播放视频，展示产品或服务的实际效果；分享图片，呈现产品的使用场景或使用效果；现场试验，对比说明产品优势等。通过多样化手段，主播能够使产品或服务更有信服力。

③ 针对性强。分享案例时，主播可根据用户的需求和关注点进行针对性展示。这意味着主播需要关注用户的疑问、需求和反馈，挑选具有代表性的案例，确保案例的实际价值和用户的需求相契合。

7. 敦促下单

在这一环节中，主播主要是对还在犹豫没有下单或已经下单还没付款的用户进行针对性地敦促，从而提高成交率。

① 强调数量有限，可进行产品库存倒计时提醒。

② 强调产品的独特属性和优点，进一步激发用户购买意愿。

③ 设定活动目标，引导用户下单。如："今天直播间的目标是售出 100 件产品，我们已经卖出 80 件，还差 20 件就能达成目标了。快来支持一下吧！"

④ 给出特殊优惠，鼓励用户下单，如赠送小礼品等。

⑤ 活动尾声提醒，即提醒用户活动接近尾声，产品即将下架。

8. 闭幕总结

在闭幕总结环节，主播需总结整场活动的亮点，表达对用户的感激之情，并让留守到最后的用户抽取大奖，为活动画上一个圆满的句号。

① 活动回顾。主播可简要回顾整场活动的精彩环节，强调产品特点和优惠政策，让用户感觉直播间的产品物超所值。

② 后续事项。主播可向用户介绍产品的售后服务，以提升用户的购物体验。如果希望进一步扩大活动的影响力，主播还可引导用户通过其他形式参与分享或讨论等。

③ 感恩用户。主播要向用户表达衷心的感谢，强调用户对直播间的贡献。

④ 终极大奖。主播可让留守到最后的用户抽取大奖，以回馈用户的支持。

⑤ 告别与期待。主播在结束直播前，要表达对用户的不舍和对再次相聚的期待。

课堂讨论

观看一场完整的活动型直播，试着分析在这场直播中，主播如何通过话术实现对用户价值与品牌价值的提升。

5.2　活动型直播营销流程话术

活动型直播是对活动与直播的结合。因此，在设计话术时，既要考虑如何保证活动的正常推进，也要考虑如何达到良好的直播效果。具体流程话术如下。

5.2.1　互动暖场话术

这是直播营销文案的第一部分，目的是吸引用户的注意力，激发用户的兴趣，并为后续的品牌及活动介绍做铺垫。

常见的互动暖场话术类型如表 5-1 所示。

表 5-1　常见的互动暖场话术类型

序号	话术类型	说明
1	问题导入	提出用户关心的问题，引发他们的思考和关注。如："你是否为孩子的养育而烦恼？"
2	故事开场	用一个故事引起用户的兴趣。如："2018 年，我一口气招了 60 多个人，抓住了抖音短视频'涨粉'红利；2020 年，我抓住了抖音直播红利，打开直播变现的大门，一年销售额破千万元……今年，大家期待我分享什么'实战玩法'呢？"
3	情景模拟	借助一个生动的场景，让用户产生共鸣。如："想象一下，当你还在犹豫要不要做小红书账号时，已经有很多朋友借助小红书平台提高了自己的势能。这时，你还会继续犹豫吗？"
4	发起活动	提出一个有趣的活动倡议，鼓励用户参与。如："在今天的直播活动中，我们将间歇发起截屏抽奖活动，看看大家是不是我们的'真爱粉'。"
5	引导期待	透露活动的部分亮点，引导用户产生期待。如："在接下来的直播中，我们将邀请大家喜爱的×××来直播间分享×××心得，还准备了一系列福利。大家期待吗？大家现在可以先领下红包哦。"

课堂讨论

试根据本节所讲的知识，为某场活动型直播设计互动暖场话术。

5.2.2　品牌及活动介绍话术

品牌及活动介绍环节的目的是让用户了解品牌及活动内容，树立品牌形象，并引导用户参与活动。

常见的品牌及活动介绍话术类型如表 5-2 所示。

表 5-2　常见的品牌及活动介绍话术类型

序号	话术类型	说明
1	品牌故事	分享品牌背后的故事，让用户感受到品牌的温度和价值。如："我们的品牌始于秋叶大叔，他致力于为职场人士提供优质教育服务，让学习变得简单有趣。"

续表

序号	话术类型	说明
2	活动主题	介绍活动的主题和目的，引导用户关注。如："感谢大家 10 年来对我们的支持。这是一次答谢直播会，我们将邀请×××等进行主题分享，之后还会有抽奖活动。"
3	优势亮点	突出品牌和活动的优势，吸引用户关注。如："我们的品牌一直以来秉持品质至上原则，所有产品都经过严格的质量把关。我们努力做到让大家欣赏节目的同时，购物无忧。"

课堂讨论

试根据本节所讲的知识，为某场活动型直播设计品牌及活动介绍话术。

5.2.3 活动规则话术

活动规则话术的目的是让用户清楚了解活动的参与方式和注意事项，确保活动顺利进行。

常见的活动规则话术类型如表 5-3 所示。

表 5-3　常见的活动规则话术类型

序号	话术类型	说明
1	参与方式	详细解释用户如何参与活动。如："参与我们的'夏日狂欢节'活动非常简单，只需关注我们的直播间。"
2	优惠规则	介绍活动中的优惠规则。如："在本次活动中，购买任意产品满 200 元即可享受满减优惠，满 200 元减 20 元，满 500 元减 50 元，满 1000 元减 100 元。"
3	抽奖规则	阐述抽奖活动的具体规则。如："在直播中，我们将进行三轮抽奖。只需关注并转发我们的直播，就有机会获得丰厚的奖品。"
4	活动时间	强调活动的时间范围。如："活动时间为今晚 18:00—23:30，过了这个时间段，优惠就会失效，请抓紧时间参与！"
5	注意事项	提醒用户注意活动中的相关事项。如："请在下单时仔细核对收货地址和联系方式，以免因信息错误导致产品无法送达。"

课堂讨论

为某场活动型直播设计活动规则话术，并说说设计时需注意哪些关键问题。

5.2.4 案例佐证话术

案例佐证话术的目的是通过具体案例向用户展示品牌和产品的优势，提高用户的信任感和购买欲望。

常见的案例佐证话术类型如表 5-4 所示。

表 5-4　常见的案例佐证话术类型

序号	话术类型	说明
1	成功案例	分享品牌和产品帮助用户解决问题的成功案例。如："我们现场连麦，和×××学员聊一聊管理心得。她现在在 500 强企业×××任人力资源管理办公室主任。"
2	用户评价	引用其他用户对品牌和产品的正面评价。如："这款智能手表受到了大量用户好评，×××用户表示，在他做运动时，它能帮助自己准确记录运动数据，这有利于提高锻炼效果。"
3	口碑奖项	提及重要机构对品牌和产品的评价、品牌和产品赢得的奖项，以增加品牌和产品的权威性。如："这款抗皱精华被《×××》杂志评为年度护肤明星产品，受到了业内人士和用户的一致好评。"
4	销售成绩	强调产品或活动的销售成绩。如："自上市以来，我们的这款空气净化器已经帮助超过 10 000 名用户改善了室内空气质量，实现了口碑与销量的双丰收。"
5	专家推荐	提供专家对产品的推荐意见。如："知名营养学家×××教授表示，这款膳食补充剂的营养成分非常丰富，它能……"

课堂讨论

　　与老师、同学聊一聊，对于案例佐证话术，哪些是必不可少的要素，哪些要素需根据用户特点而有所侧重？

5.2.5　参与示范话术

　　参与示范话术的目的是通过直观的示范，引导用户了解如何正确使用产品或参与活动，提高用户的参与度和满意度。

　　常见的参与示范话术类型如表 5-5 所示。

表 5-5　常见的参与示范话术类型

序号	话术类型	说明
1	产品使用	向用户展示如何正确使用产品。如："现在，我将为大家演示如何使用这款按摩仪。首先……"
2	活动参与	向用户展示如何顺利参与活动。如："想参加今天直播间活动的朋友，请先关注我们的直播间，再……"
3	效果展示	通过实际效果展示产品的优势。如："大家可以看到，按照个性化搭配建议重新打扮后的×××优雅、知性，活成了自己憧憬的样子。"
4	注意事项	提醒用户在使用产品或参与活动时需注意的事项。如："使用这款电动牙刷时，请选择适合自己的刷头和刷牙模式，以免造成牙齿和牙龈的损伤。"
5	常见问题	针对用户可能遇到的问题进行解答。如："如果在使用这款智能手表时遇到无法连接手机的问题，请你开启手机蓝牙，或尝试重启手表和手机。"

课堂讨论

可以利用哪些技巧把参与示范话术设计得生动有趣？试与老师、同学进行分享。

5.2.6 用户转化话术

用户转化话术的目的是通过有针对性的话术，引导用户采取行动，如购买产品、关注主播、加助手为好友等，从而实现用户的沉淀或转化。

常见的用户转化话术类型如表 5-6 所示。

表 5-6 常见的用户转化话术类型

序号	话术类型	说明
1	库存紧张	提醒用户产品库存有限，促使用户抓紧行动。如："这款热销产品库存仅剩 20 件了！"
2	专属优惠	提供针对用户的个性化优惠，增强其购买意愿。如："陪伴主播到现在的伙伴们，请注意领取专属优惠券，使用它可以在本次活动中额外享受 50 元优惠哦！"
3	赠品促销	强调购买产品可获赠品的优惠，增强用户的购买意愿。如："购买这款洗发水，即可获得一瓶价值 48 元的护发素！"
4	服务保障	强调品牌提供的优质服务，提高用户的信任度。如："购买我们的产品后，您将享受 7 天无理由退换货、一年质保及全程客服支持。我们努力让您购物无忧。"

课堂讨论

可以利用哪些技巧将用户转化话术设计得生动有趣？试与老师、同学进行分享。

5.2.7 闭幕总结话术

闭幕总结环节的目的是通过对整个活动或产品的总结，再次强调品牌和产品的优势，给用户留下深刻的印象。

常见的闭幕总结话术类型如表 5-7 所示。

表 5-7 常见的闭幕总结话术类型

序号	话术类型	说明
1	重申优势	再次强调品牌和产品的核心优势。如："我们今天为大家推荐的新品，含有×××成分，能有效淡化皱纹。大家可以多多尝试哦！期待大家越来越美。"
2	感谢参与	对用户参与活动表示感谢。如："感谢大家今天的热情参与，我很高兴能与大家共同度过这个夜晚，谢谢所有的朋友。"

续表

序号	话术类型	说明
3	邀请回访	邀请用户继续关注品牌和活动。如："请关注我们的直播间和官方账号，我们会定期为您带来更多优惠和新品，期待与您的再次相聚。"
4	问候告别	诚挚地向用户表达祝福和告别。如："愿大家2023年事事顺心！再见，晚安！"

课堂讨论

闭幕总结话术大多比较精简。请想一想，撰写闭幕总结话术时，需避免什么问题？

课后习题

1 简述活动型直播的理论基础。

2 简述活动型直播的主要特点。

3 简述活动型直播营销文案的常见结构。

4 简述活动型直播营销中的流程话术。

PART 06

第 6 章
美妆日化类直播营销文案
设计与案例分析

知识目标

（1）了解美妆日化类直播营销文案话术规范。
（2）掌握美妆日化类直播营销文案设计要点。
（3）通过美妆日化类直播营销文案案例，掌握这类文案的分析方法。
（4）明确美妆日化类直播营销文案流程话术的内容。

素养目标

（1）严格遵守广告法的相关要求，诚实客观，不得夸大产品效果。
（2）坚持正确消费导向，合理引导用户消费。

6.1　美妆日化类直播营销文案概述

艾媒咨询《2022—2023 年中国化妆品行业发展与用户洞察研究报告》显示，2021 年中国化妆品行业市场规模达 4553 亿元，同比增长 15%。在国民可支配收入不断提升及审美意识增强等因素驱动下，国内化妆品消费将继续攀升。显而易见，美妆是直播赛道的重要产品。

微播易《2023 年中国直播电商机会洞察报告》显示，除美妆类产品外，日化类产品在直播间销售梯队中的排名也十分靠前。

美妆日化类直播营销文案的重点在于通过精心设计的文案，将产品特点、品牌理念与用户需求巧妙结合，激发用户的兴趣，促使用户做出购买行为。

美妆日化类直播营销文案的话术规范与设计要点如下。

6.1.1 美妆日化类直播营销文案话术规范

1. 话术需与产品一致

应确保直播间的营销文案话术与产品实际情况相符。例如，产品的实际容量为 100 毫升，文案中也应明确标注产品的容量为 100 毫升，不可误导用户。对于这些细节信息，主播应在开播前再核对确认一遍。

2. 不得夸大产品实际效果

避免夸大产品的功效，确保宣传与产品的实际效果相符。例如，不可宣称某款护肤品能够立即消除皱纹。

3. 不得暗示产品有药物效果

避免将美妆日化类产品的使用效果与药物效果混淆。国家药监局化妆品监管司发布的《化妆品监督管理常见问题解答》对"药妆""医学护肤品""药妆品"等概念进行了明确阐释，强调以化妆品名义注册或备案的产品，宣称"药妆""医学护肤品"等"药妆品"概念的，属于违法行为。《化妆品监督管理条例》规定，化妆品标签和广告禁止明示或暗示具有医疗作用。

例如，直播间不可称某款精华液能治疗痤疮。

4. 尊重用户权益

不得误导用户，要尊重用户的知情权和选择权。例如，不得隐瞒产品可能存在的副作用。

课堂讨论

试从美妆日化类产品中挑选一件产品，为其撰写直播营销文案。与同学交换文案，分析对方的文案是否符合话术规范，如果不符合，尝试进行修改。

6.1.2 美妆日化类直播营销文案设计要点

美妆日化类直播赛道大类，市场较大，竞争也颇为激烈，因此美妆日化类直播营销文案要设计得有技巧，有重点。

1. 明确主题

直播营销文案应围绕各类主题进行设计，以吸引用户的注意力。表 6-1 所示为美妆日化类直播主题示例。

表 6-1　美妆日化类直播主题示例

序号	主题	说明
1	新品首发	介绍和展示品牌的新产品，吸引用户关注和购买
2	护肤教学	提供专业护肤知识，帮助用户解决护肤问题，提高用户的信任度

续表

序号	主题	说明
3	一站式美妆搭配	针对不同场合和需求，推荐搭配使用的美妆日化类产品
4	家居清洁大作战	展示高效、环保的家居清洁用品，为用户提供清洁解决方案
5	宠物护理专场	针对宠物护理需求，推荐适用的日化产品
6	一站式家居用品购物	针对不同家庭需求，推荐实用、高性价比的日化产品
7	环保家居生活	推广低碳环保的日化产品，倡导绿色生活理念

2. 结合用户需求，展示产品特点

设计直播营销文案时，应深入了解目标受众，将其需求与产品优势相结合；通过生动的语言和形象的描述，展现产品的卖点，引导用户产生购买欲望。

《2022—2023年中国化妆品行业发展与用户洞察研究报告》显示，选购化妆品的用户优先关注化妆品的成分和功效的占比分别为58.2%和58.1%，价格因素则排在第三位，占比为51.1%。此外，产品的安全性、品牌口碑、环保性、便利性等也深受用户关注。因此，直播营销文案应体现以下几点。

① 突出产品功效

突出展示美妆日化类产品的实际效果，如遮瑕、保湿等。如："这款粉底液轻薄服帖，一抹即可遮住瑕疵。"

② 强调成分安全

强调产品成分、材质的安全性和天然性，减少用户的顾虑。如："这款洗面奶含有天然植物提取物，十分温和。"

③ 凸显产品价格优势

通过强调品牌直销、折扣、优惠券等吸引用户关注产品的性价比。美妆日化类产品多属于功效性产品，讲究实用性，所以文案最好通过还原场景、阐述"痛点"、抬高需求、展示产品特点等激发用户的购买欲望，促成交易。

3. 分享使用心得

设计直播营销文案时，应结合个人使用体验，分享使用方法和心得，拉近与用户的距离。如："我一直在使用这款面膜，敷上它后皮肤就变得水润紧致，真的很神奇！"

4. 展示实际效果

设计直播营销文案时，应在直播现场使用产品，展示产品的功效。如："我现在就邀请我的助手小李现场试用这款粉底液，让大家看看遮瑕效果。"

图6-1所示为美妆类主播在直播间现场测试产品。现场测试能较快地让用户看到效果，有时比语言更有说服力。

5. 引导用户参与

设计直播营销文案时，应鼓励用户分享美妆心得、提出关于产品的问题等。如："大家喜欢哪个眼影色号？我们一起聊聊怎么配色更好看！"

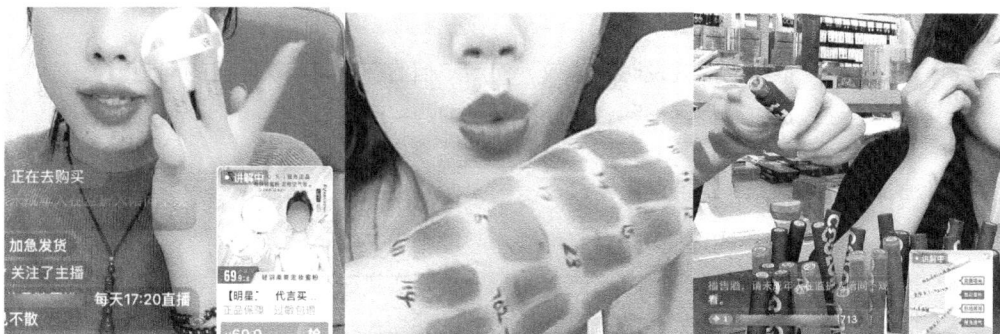

图 6-1　美妆类主播在直播间现场测试产品

6. 提及搭配推荐

设计直播营销文案时，应针对美妆日化类产品的组合使用，进行搭配推荐。如："这款洁面仪搭配我们的洗面奶使用，能够更有效地清洁毛孔，让肌肤清透亮泽。"

7. 传递品牌理念

设计直播营销文案时，应巧妙融入品牌理念，以提升品牌形象、突出品牌调性、打造差异性竞争优势，如讲述产品背后的原创设计、环保理念、美学坚持，以及品牌对原料的严苛要求等。

课堂讨论

选择一位你喜欢的美妆日化类主播，分析其在直播营销文案设计上的亮点，并与老师、同学进行分享。

6.2　美妆日化类直播营销文案案例分析

本节将围绕护肤品、彩妆和日化用品三个常见类目，各选择的一例具有代表性的直播营销文案，从结构、运用的策略，以及如何吸引、留住用户并促成交易等角度进行探讨。

1. 护肤品

文案示例如下。

大家好，欢迎进入直播间！我是大家的靠谱护肤顾问×××。这个夏天，你是不是也在为油光满面、毛孔粗大等皮肤问题而烦恼呢？别担心，我们今天的主角——×××牌的冰感调理水，可以有效解决你的问题！它能够抑制油脂分泌，帮你收缩毛孔，让你的皮肤在整个夏天都清爽透亮。大家可以试试哦，今天下单的朋友还有机会获得赠品哦！

分析如下。

① 营销策略

- 立场：塑造"护肤顾问"角色（人设），加强与用户的关系，提升用户的信任度。
- "痛点"：通过引出夏天皮肤油脂分泌多、毛孔粗大等问题，触动用户"痛点"，从而顺利推荐产品。

- 解决方案：推荐产品并说明其功效，使用户相信产品能解决自己的问题。
- 激励：通过提供赠品等福利，激励用户立即购买产品。

② 吸引用户

- 设计有趣的话题：通过护肤主题，吸引关注护肤的目标用户。
- 创造共鸣：引出很多用户的护肤难题，激发用户共鸣。
- 提供价值：详细解释产品的功效，使用户看到实实在在的价值。
- 提供优惠：提供赠品，增加产品的诱惑力。

③ 促进成交

- 引导购买：详细解释产品效果，引导用户产生购买的欲望。
- 激励行动：提供直播期间的优惠，促使用户立即行动。

2. 彩妆

文案示例如下。

朋友们，欢迎来到×××的美妆世界！告诉我，你是不是对无数的口红色号感到迷茫，不知道哪款颜色最适合自己？不怕，主播今天带来了×××新推出的试色盒，一次性让你体验 5 个热销色号。从日常出勤到出门旅行，从清新到优雅，你可以根据心情、场合和想要的风格随意搭配。现在下单，我们还有额外的小礼品等你来拿。让我们一起变美吧！

分析如下。

① 营销策略

- 立场：以朋友的身份与用户互动，营造亲切、轻松的气氛。
- "痛点"：通过引出口红选择困难的问题，引起用户共鸣。
- 解决方案：推荐×××品牌新推出的试色盒，可以一次性满足用户体验多个色号的需求。
- 激励：用额外的小礼品作为用户购买产品的奖励。

② 吸引用户

- 直播氛围：以朋友的身份进行分享，让用户有种在与朋友交流经验的感觉，有利于拉近与用户的距离。
- 产品选择：提供含有 5 个口红色号的试色盒，满足用户多样化的需求。
- 使用场景：提供不同场合的妆容建议，增加产品的适用性，吸引用户购买。

③ 促进成交

- 多样性：提供多个热销色号，满足不同用户的喜好，引导用户购买。
- 奖励机制：设置小礼品奖励，刺激用户的购买欲望，促进成交。
- 结束语：以一句激励性的话语结束，让用户产生共鸣，鼓励他们做出购买行动。

3. 日化用品

文案示例如下。

晚上好！大家有没有感觉做家务既累又烦？今晚，我将与你们一起探讨如何轻松解决家务烦恼。我要向大家介绍的是×××品牌的多用途清洁剂，它能够帮助大家轻松解决厨房油污、卫生间垢层等清洁问题。大家看，这个模拟的是厨房的油污，它甚至比日常厨房的油污更厚重。我只需要喷一些清洁剂，静等半个小时，半个小时后再轻轻一擦，污渍就被清理掉了！在这半个小时里，我先介绍下这个产品的价格和优惠活动！这款清洁剂的价格只有××元。你如果今天在我们直播间下单，还有机会获得我为你准备的一套厨房清洁工具。

分析如下。

① 营销策略

- 互动唠嗑：引起共鸣，拉近与用户的距离。
- 主题介绍：探讨解决家务烦恼的方法，引发用户关注。
- 推出产品：介绍多用途清洁剂，解决用户问题。
- 现场体验：通过现场示范，证明产品效果。
- 激励下单：购买就有机会获得一套厨房清洁工具，增强购买的诱惑力。

② 吸引用户

- 共鸣话题：直击用户"痛点"，吸引用户注意力。
- 产品体验：通过现场演示，展示产品效果，吸引用户购买。
- 购买激励：提供礼品信息，激发用户购买欲望。

③ 促进成交

- 产品演示：通过现场演示，证明产品的实效，鼓励用户购买。
- 奖励机制：购买就有机会获得好礼，刺激用户的购买欲望，促进成交。
- 现场互动：及时进行现场反馈和互动，提高用户参与度，促进用户购买。

课堂讨论

结合本节案例与分析，试着写一条 2 分钟左右的美妆日化类单品直播营销话术。

6.3　美妆日化类直播营销流程话术模板

美妆日化类直播营销流程话术大致包含三个部分：暖场话术、产品讲解话术及互动促销话术。

1. 暖场话术

暖场话术对于整场直播来说是非常重要的，它有助于建立用户与主播之间的初步联系和信任，主要包括两个部分：一是主播欢迎用户并对自己进行简单介绍；二是揭示直播主题，以便引导用户关注直播焦点。

（1）欢迎用户与介绍自己

主播需要表达出对用户到来的欢迎与感谢，同时告知用户自己的身份，以便获得用户的初步信任。

① 美妆。主播可以分享自己的美妆经验和知识，让用户知道他们可以从这次直播中学

到实用的美妆技巧，也可以介绍自己与美妆品牌或产品的关系，比如是品牌的品鉴官、美妆达人等。

② 护肤。主播可以强调自己对护肤的理解和研究，如在这个领域的经验、获得的专业知识等。这样可以让用户相信主播推荐的护肤产品或方法是经过深思熟虑和实践验证的。

③ 日化。主播可以强调自己的生活经验和对日常生活产品的理解，让用户感到自己能够提供适合他们生活需求的产品建议。

话术示例如下。

大家好，感谢大家抽出时间来到我的直播间。我是×××。熟悉我的朋友都知道，我有 10 多年美妆经验，最擅长的就是根据不同人的风格设计和推荐化妆造型。

（2）揭示直播主题

主播需要明确地告知用户直播的主题，以吸引他们的注意力。主题应简洁且直白地展示出价值。

话术示例如下。

今晚，我会为大家介绍一些优质的护肤品，也会分享一些实用的美容小贴士和生活窍门，帮助大家健康、轻松地变美。

2. 产品讲解话术

产品讲解话术主要包括两个部分：一是产品介绍，二是现场示范。

（1）产品介绍

有针对性地介绍每款产品的特性、功效、使用方法等，能让用户对产品有更好的了解。介绍产品时，主播应避免使用复杂、难懂的专业术语，应使用直观、易懂的语言。

① 美妆。在介绍美妆产品时，主播可以着重介绍产品的色泽、持久度、质地等。如"珠光""持久""轻盈""色号""搓泥""假滑""耐受"等专用词，是美妆行业常用的描述词，可以较快地传达产品卖点，并留给用户专业的印象。

② 护肤。在介绍护肤产品时，主播可以强调产品的成分、效果，但不要夸大产品效果，更不要虚假宣传。

③ 日化。在介绍日化产品时，主播应该强调产品的实用性和效率。"方便""高效""持久""多功能"等，是日化行业常用的描述词。

话术示例如下。

首先，我要推荐的是这款×××。这是一款广受好评的×××，能有效地……（产品功效），真正做到……（产品卖点）。使用方法也非常简单，只需要……

（2）现场示范

主播利用直播的优势，现场进行产品演示，能让用户看到实实在在的效果。在示范过程中，主播应详细地解释每一个步骤，让用户明白如何正确地使用产品。对于产品的独特之处，主播可通过现场示范来突出，使产品更具吸引力。

① 美妆。主播可以真实展示产品的上妆效果，如色彩、质地、持续时间等；也可以分享自己的化妆技巧，如何打造高级感妆容等。需要特别注意，应避免在示范过程中做出误导用户的行为。

② 护肤。主播可以详细地介绍和展示产品的使用方法，如使用的顺序、用量等。同时，

主播也可以分享自己的护肤心得，让用户了解产品在实际使用中的效果。在示范过程中，主播要避免给出任何医学建议或虚假宣传。

③ 日化。主播应着重展示产品的实用性和效率，可以在直播中真实展示产品的使用过程和效果，如产品的清洁能力强、使用简单等。在示范过程中，主播也可以分享一些生活小窍门，以此来增加直播的趣味性。

话术示例如下。

现在，让我来给大家演示一下这款产品的使用效果。首先，我们倒点产品到衣服上。看，只过了几秒，污渍已经……（描述变化）。这款产品是不是非常有效？

3. 互动促销话术

互动促销话术主要包括两个部分：一是回答用户问题，二是激励用户购买。

（1）回答用户的问题

回答用户的问题可以增加直播间的互动性，帮助用户消除疑虑，并增强其购买意愿。回答问题时，主播应保持语言的清晰和明确，避免使用过于复杂或者专业的词语。同时，主播应尽可能快地回答用户的问题，让用户感到被充分重视。

① 美妆。对于美妆问题，主播可以根据自己的经验和知识来回答。遇到十分专业的问题时，为了避免给出错误的信息，主播可以告诉用户待自己弄清后再回答。

② 护肤。对于护肤问题，主播需要特别注意，因为护肤涉及皮肤健康，不适当的建议可能会导致用户出现皮肤问题。

③ 日化。对于与日化产品相关的问题，主播可以根据产品说明和自己的使用体验来回答。

话术示例如下。

好的，看到有不少用户在评论区提问，我为大家解答一下。第一个问题是……

（2）激励用户购买

解答完用户的问题后，主播可以向用户推出购买优惠或礼品，以激励更多的用户做出购买行为。

① 美妆。激励用户购买美妆产品时，主播可以强调服务保障。例如，用户购买产品后可得到一份小样，收到货后可先试用小样，如果不喜欢可免费退回产品等。

② 护肤。主播可以强调产品的护肤效果、使用感受和安全性等。

③ 日化。主播可以强调产品的实用性、性价比和品牌信誉等，使用户更有购买的决心。

话术示例如下。

这可是×××品牌今年主推的产品哦，品质值得信赖！看到这么多伙伴对我们的产品感兴趣，我现在要告诉你们一个好消息：你们只要在直播间购买我们的产品，就有机会获得我们特别准备的一份小礼品。数量有限，仅限前 50 位，送完为止哦！

课堂讨论

试着观看一场头部直播间的美妆日化类直播，并记录主播使用的哪些话术（专用词汇、形象的比喻、强调的卖点等）引起了你的购物欲望。

课后习题

1 简述美妆日化类直播营销文案话术规范。

2 简述美妆日化类直播营销文案设计要点。

3 分别简述护肤品、彩妆和日化用品直播营销文案的设计技巧。

4 简述美妆日化类直播营销流程话术。

PART 07

第 7 章
服装类直播营销文案设计与
案例分析

知识目标
- （1）了解服装类直播营销文案话术规范。
- （2）掌握服装类直播营销文案设计要点。
- （3）通过服装类直播营销文案案例，掌握这类文案的分析方法。
- （4）明确服装类直播营销文案流程话术的内容。

素养目标
- （1）严格遵守广告法的相关要求，诚实客观，不得夸大产品效果。
- （2）坚持正确消费导向，合理引导用户消费。
- （3）坚持正确审美观，不使用可能物化或贬损人的话术。

7.1 服装类直播营销文案概述

近年来，服装类直播营销日益盛行。通过直播，用户可以直观地看到服装的穿搭效果，增加购买信心。直播营销文案则是整个服装类直播营销过程中的重要环节。好的直播营销文案，需要遵守一定的话术规范，同时突出重点、有力引导用户。

7.1.1 服装类直播营销文案话术规范

主播在讲解服装类产品时，应留意以下话术规范。

1. 避免宣传虚假效果

主播需要如实介绍服装的效果等，避免夸大或使用绝对化的语言描述。

反面案例 1："这款瑜伽裤含有特殊纤维，有助于燃烧脂肪，塑造完美身材。"这种描述无科学依据，夸大了服装的功效，可能会误导用户。

合规话术："这款瑜伽裤采用弹性面料，穿着舒适，非常适合做运动。"

反面案例 2："只要穿上这套健身服，健身效果就会提升 50%。"

这种无法证实的宣传可能会让用户产生过高期待，但真实效果可能并不如此。

合规话术："这套健身服采用透气布料和人体工学设计，能够在你健身时提供更舒适的穿着体验，让你更加享受运动。"

2. 避免宣传不实卖点

主播在介绍产品材质、成分等方面时，必须尊重事实，不能虚构或改变产品的材质、成分比例等。

反面案例："这件羊毛衫是用纯羊毛制作的。"

然而，实际上该羊毛衫的成分是 50% 的羊毛和 50% 的化纤。

合规话术："这件羊毛衫由 50% 的羊毛和 50% 的化纤混合纺织而成，既保暖又耐脏。"

注意，服装行业有一些专用词，误用专用词也可能导致卖点不实，在准备直播时，主播应在全国标准信息公共服务平台查阅和学习行业相关标准，如《纺织品 纤维含量标识》《羽绒服装》等。

3. 不做无根据的对比

避免在话术中，对其他品牌或产品做出贬低或者无根据的对比。

反面案例："这款连衣裙比其他品牌的款式都要时尚。"

这种表述没有提供任何具体的对比依据，可能会误导用户，同时也会对其他品牌造成负面影响。

合规话术："这款连衣裙采用了今年流行的蕾丝拼接元素，并采用了大胆的色彩搭配，与市面上常见的款式有所不同。"

4. 不做虚假优惠

主播不能提供虚假的优惠信息，如抬高原价后再提供折扣等。

反面案例："这件连衣裙原价是 1000 元，现在只要 500 元。"

然而事实上，这件连衣裙的日常售价就是 500 元。

合规话术："这件连衣裙的日常售价是 500 元，现在我们做活动，大家购买它可以享受 8 折优惠。"

5. 尊重用户

无论用户的反馈是好是坏，主播都应保持耐心，尊重用户，避免出现侮辱或贬低用户的言论。特别是在讨论身材时，主播要采用中性或赞美的词语。

反面案例："发胖的用户可以选择 XXL 码"。

这样的说法会让用户感到被侮辱。

合规话术："这款连衣裙有多种尺码，身材丰满一些的伙伴也可以放心拍。它可以帮你展现优美的曲线。"

选择一位你喜欢的服装主播，分析其直播营销文案话术在可能涉及用户的某些敏感内容（如身材、肤色等）时，是如何避免冒犯用户的，并与老师、同学进行分享。

7.1.2　服装类直播营销文案设计要点

服装类直播营销文案要突出服装的效果和优点，因此应着重留意以下几点。

1. 突出穿搭效果

在服装类直播中，用户的购买动机往往来自用户对穿搭效果的向往。主播应重点展示和描述产品的穿搭效果，包括适合的场合、搭配的建议等，甚至可以分享一些穿搭技巧或者时尚趋势，让用户对产品有更具体的期待。

① 近景展现细节。主播可以详细展示服装的面料、做工、细节设计等，如："这款衬衫的纽扣，采用的是质地坚硬、光泽感强的树脂纽扣，经久耐用。"图 7-1 所示为主播正在镜头前展示服装的盘扣工艺。拉近镜头后，可使用户观察到更多细节，这对于追求品质、设计感等的用户来说是非常重要的。

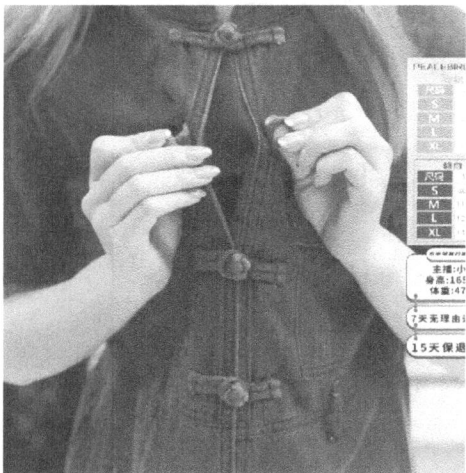

图 7-1　近景展现服装细节

② 中景展现穿搭技巧。如图 7-2 所示，主播可以讲解服装搭配或使用技巧，如："这条裙子再配上一个小香包，您看，精致的感觉就有了。效果是不是特别好？"

③ 远景展现整体效果。主播或模特可在直播间内走动，让用户从不同角度观察服装的整体效果，如："现在我们让模特走两步。大家可以看到，无论模特是在站立还是在走动状态下，这款连衣裙的设计都能展现出模特的美丽曲线。"图 7-3 所示为主播在直播间内走动，配合道具单肩包，展现整体穿搭效果。

④ 场景联想。使用生动的描述营造场景，引发用户的联想，也是一种比较有效的技巧。如："你穿着这款轻盈的连衣裙漫步在海边，海风吹来的时候，那画面得多美！"

图 7-2　主播的搭配演示

图 7-3　主播在直播间内走动

2. 提炼卖点

服装类产品的卖点很多，主播可从面料、板型、风格、颜色、工艺、性能等维度介绍它们的卖点。常见的服装卖点维度如表 7-1 所示。

表 7-1 常见的服装卖点维度

卖点维度	说明	话术示例
面料	面料是影响用户对服装评价的重要因素，主播可以介绍面料的构成、舒适度等	这件 T 恤用纯棉面料制作而成，触感柔软，透气性好，即使在炎炎夏日，穿起来也很清爽自在
板型	板型即衣服的款式，主播可以根据板型来强调衣服适合的身材类型或者穿出的效果	这件衬衫可以很好地凸显身体曲线，让大家能穿出自己的风格
风格	风格直接影响服装的整体感觉，不同风格吸引不同的用户群体	这款连衣裙非常适合甜美型的伙伴。连衣裙的浅粉色配上精美的蕾丝，让你就像漫画中的女主角
颜色	主播可以根据衣服的颜色来引导用户	这款衬衫的颜色是深蓝色。深蓝色能给人一种冷静、稳重的感觉，非常适合商务场合
工艺	工艺能体现服装的品质，主播可通过讲解工艺来展示服装的价值	这件外套由双面呢料制作而成，走线精细，无论是外观还是保暖性都很好
性能	性能与服装适用场景关系密切，主播可以根据性能来吸引特定的用户	这件运动衫采用速干面料。无论你是健身还是参加户外运动，它都能让你保持轻松干爽

3. 打消顾虑

服装类产品的退货率较高，直播间用户可能会产生一定的顾虑，如担心产品不适合自己或者上身效果不好等。主播需要打消用户的这些顾虑，如提供详细的尺码信息、讲解选择合适尺码的方法，甚至可以让不同模特试穿服装以呈现真实效果。同时，直播间可通过提供"7天无理由退货"及运费险等，让用户更放心地下单。

> **课堂讨论**
>
> 观看一场服装类直播，分析主播在介绍卖点时有哪些吸引你的地方，并在课堂上与老师、同学进行分享。

7.2 服装类直播营销文案案例分析

服装品类下有诸多细分品类，如上衣类、下装类、外套类、配饰类、内衣类等。下面将介绍、分析服装品类下的 5 个细分品类的直播营销文案案例。

1. 上衣类：T 恤、针织衫、卫衣

讲解上衣类产品时，应聚焦于其款式、面料、色彩、穿着效果及舒适度等。

① T 恤。话术示例如下。

这款 T 恤采用纯棉面料，触感亲肤，吸汗透气。简约的设计、经典的圆领板型，让

您无论是内搭还是单穿都非常合适。穿上这款 T 恤，再配上我们的牛仔裤或者休闲裤，您就能轻松出门。这款纯棉 T 恤，实用又百搭，是您衣柜中不可缺少的单品。

话术技巧：T 恤类产品实用性强、易搭配，主播需强调这些优点。

② 针织衫。话术示例如下。

这款针织衫选用了精选的羊毛混纺面料，质地柔软不刺肤，保暖效果也很好。我们再看看针织衫的细节——瞧，衣服采用了精巧的针织花样，既复古又时尚，适合各种风格的搭配。您可以单穿，也可以搭配长裙或高腰裤，打造冬日优雅风。让这款针织衫成为你的冬日暖阳吧！

话术技巧：针织衫类产品更注重材质的舒适度和设计的精巧度，主播可以着重描述产品的设计细节，以及材质带来的品质感、舒适感和保暖性。

③ 卫衣。话术示例如下。

我们的卫衣采用纯棉面料，让人穿起来感觉舒适自在。这款卫衣偏宽松，肩膀处有配色非常大胆的印花，很有视觉冲击力，使整件衣服充满活力。帽子部分的红色抽绳，既实用又时尚。这件卫衣前卫且个性十足。大家可以搭配紧身牛仔裤或者运动裤，展现出自己青春活力的一面。

话术技巧：卫衣类产品的营销关键在于展现其休闲和个性化的风格，因此主播可以强调卫衣的舒适性、可自由搭配等特点，还可以描述卫衣的款式和设计特点及其呈现的个性。

2. 下装类：牛仔裤、裙子

① 牛仔裤。话术示例如下。

接下来我要为大家展示一款一年四季都能穿的牛仔裤，你的衣橱里应该有它！这款牛仔裤采用优质棉料，经过特殊的洗水工艺后变得更加柔软和舒适。它是修身板型，但一点儿也不紧绷。牛仔裤是百搭的代表，你搭配上卫衣、T 恤、衬衫等，就可以轻松打造出休闲、街头或简约的风格。从经典的牛仔蓝到个性修身的黑色，我们都有哦。一款不够，你可以多选几款，买两条直降 20 元哦。

话术技巧：牛仔裤是百搭的代表，因此主播在讲解时可以强调它的易搭配性。另外，因为牛仔裤有各种板型，主播可以根据用户的需求推荐不同的款式，如修身板型、直筒板型等。

② 裙子。话术示例如下。

各位亲爱的伙伴，想象一下，在温暖的春日午后，你穿着这款飘逸的裙子，走在街头，每一个回头都是对你的赞美。是的，接下来我要向大家介绍的就是这款特别受欢迎的裙子。这款裙子使用的是棉混纺面料，柔软舒适，透气性好，穿上它，仿佛可以感受到春风的吹拂。裙子上的花朵图案，可以给你带来春天的气息，让你的装扮充满活力。穿上它，再搭配一件简单的白色 T 恤，会显得人活泼轻快；搭配一件优雅的衬衫，会让人增添一份妩媚。无论是在周末的闲适午后，还是在甜蜜的约会时刻，它都能为你增加魅力哦。快来尝试一下，让春天的美丽与你同在。

话术技巧：在讲解裙子时，利用用户的感性思维，通过营造场景引发用户的情感共鸣，更容易让用户产生购买冲动。此外，裙子是女性服装中很重要的一部分，具有很强的视觉冲击力，所以主播在描述时要重点突出裙子的图案设计、颜色设计及搭配等。

3. 外套类: 羽绒服、毛呢大衣

① 羽绒服。话术示例如下。

冬日寒风来袭，你是否需要一件羽绒服为你抵挡严寒？我手中这款羽绒服，轻薄保暖，时尚耐看，正是你需要的！这款羽绒服选用优质的鸭绒作为填充物，保暖性强，外层采用防风防水的面料，让你在冬季也能感受到温暖。这款羽绒服是宽松板型，不仅能遮盖身形，还非常时尚。帽子可拆卸，你可以根据天气的变化进行调整。瞧瞧我们模特的这一身，用羽绒服搭配牛仔裤，再配上一双雪地靴，保暖又时尚，可以轻松应对寒冷的冬季。一件好的羽绒服，不仅能让你温暖过冬，还能让你在冬季街头闪耀。这可是我们特意为"粉丝"们准备的羽绒服哦，在咱们店铺已经卖出 2000 多件，大家还等什么呢？

话术技巧：羽绒服是冬季的主打产品，注重保暖性，所以在介绍时，主播需要突出其保暖的特点。同时，主播可以通过场景营造、情感引导和上身展示等激发用户的购买欲望。

② 毛呢大衣。话术示例如下。

如果说冬天的街头有一种服饰是不过时的，那一定是毛呢大衣。我相信为你展示的这款优雅毛呢大衣将成为你冬日里不可缺少的时尚装备。这款毛呢大衣采用精选的羊毛面料，柔软舒适，保暖效果佳。它采用经典的长款设计，简洁大方，可以很好地修饰身形。双排扣设计，增加了这款大衣的层次感和时尚感。毛呢大衣可以搭配各种款式的上衣和下装，无论是简单的 T 恤配牛仔裤，还是针织衫配小黑裙，都能让你穿出个性。你如果想打造职场形象，穿上它，再配上一双高跟鞋和一只手提包，瞬间就会显得干练而有魅力。

话术技巧：毛呢大衣是非常经典的服装品类，主播可多从材质和设计上对其进行介绍。毛呢大衣的搭配性很强，主播可通过举例说明不同的搭配方法等，激发用户的购买欲望。

4. 配饰类: 帽子、围巾

① 帽子。话术示例如下。

这款夏日遮阳草帽采用的是优质的草编材料，能体现出一种自然、亲和的气质。草帽帽檐有 14 厘米宽，可有效遮挡阳光，保护你的面部皮肤不受紫外线刺激。独特的波浪形帽檐可以赋予你优雅而时尚的气息。这款草帽非常适合海边度假，你可以配上一件飘逸的连衣裙或短裤。而在城市街头，它也可以搭配休闲服装，如宽松衬衫和牛仔裤等，轻松展现出都市休闲风格。这不仅是一顶帽子，还可以彰显一种夏日生活态度。

话术技巧：在介绍这种应季配饰时，主播应着重强调产品的性能（如遮阳），同时也要强调其时尚感和休闲感。在此基础上，主播再通过丰富的穿搭场景和情境设定，帮助用户对产品建立更具体的认识，引导他们想象自己在不同场景下使用产品的样子，可有效提高产品转化率。

② 围巾。话术示例如下。

这条精美的米色羊绒围巾由纯羊绒制成，轻薄如羽，却温暖如春。轻盈的质地，

仿佛云朵一般，可以让你在寒冷的冬日里得到一份温暖。羊绒温度调节性很好，能让你在冬季保持温暖，但又不会让你感到过热。米色的羊绒围巾，色调温和，既能映衬出皮肤的白皙，也能完美搭配各种颜色的服装。这条围巾无论是与深色大衣搭配，还是与浅色毛衣搭配，都很好看。今天，这款羊绒围巾只售 259 元，相比同类产品，性价比很高。在寒冷的冬天，让这款羊绒围巾成为你的贴身保暖伴侣吧！只要支付 259 元，你就能拥有这条温暖且时尚的米色羊绒围巾。相信我，它不仅是一条围巾，还是你冬日造型的点睛之笔。希望每一位用户都能在寒冷的冬季里感受到这份温暖。

话术技巧：在介绍此类高档配饰时，主播应该重点强调产品的品质和实用性，如羊绒的保暖性和透气性；引导用户注意产品的颜色和搭配方式，让他们对如何使用产品有更具体的认识。对于价格稍高的产品，主播应该塑造产品价值，让用户觉得购买该产品是值得的。

5. 内衣类：内裤、睡衣

① 内裤。话术示例如下。

我接下来要为大家推荐的是这款质地舒适、剪裁合体的内裤。它采用纯棉面料，透气吸湿；无痕设计，旨在减少不适和摩擦，可以让你体验到超乎寻常的舒适感；宽松腰围设计，更能保证内裤在不易滑落的同时，让你的腰部尽享轻松、自在。内裤是咱们的贴身衣物，咱们要重点关注其安全性啊。我们这款内裤采用的是无荧光剂的全棉面料，安全无刺激，能让您的私密部位得到呵护。我们现在还推出优惠活动，买二送一，是不是很划算？对于贴身衣物，我们应选择质量好的，这样才能更好地保护我们的身体。

话术技巧：内裤是一种比较私密的产品，主播在介绍时需避免过于直接或谈及敏感内容，应以专业、贴心的态度强调产品的舒适性、安全性等，使用户产生信任感。同时，主播可以利用优惠活动坚定用户购买的决心。

② 睡衣。话术示例如下。

我要向大家推荐一款既优雅又舒适的吊带真丝睡衣，这可是主播的自用款哦。这款睡衣选用真丝面料，具有很好的触感和舒适度。睡衣的面料细腻柔滑，可以轻轻地贴在你的皮肤上，让皮肤像是得到了温柔的抚摸。睡衣的吊带设计，不仅可以轻松展现你的美，而且可以根据你的身形进行调整，让你有更好的穿着效果。这款真丝吊带睡衣的设计非常简约，无论是精致的吊带，还是流畅的剪裁，都展现了它的高级感。此外，我们有多种颜色可供选择，除了黑色、白色，还有浪漫的粉色和柔和的米色。今天在直播间，仅需 169 元，你就能拥有这款真丝吊带睡衣。考虑到它的优良面料和精致设计，这样的价格无疑是超值的。这款真丝吊带睡衣，无论是送给自己，还是作为礼物送给亲友，都是非常好的选择。舒适、优雅、大方，这样的睡衣，你怎能错过？

话术技巧：在推销高端产品如真丝吊带睡衣时，主播需强调产品的优良材质、精致工艺和优雅设计，以提升产品的价值感。同时，设置直播优惠价格，可以让用户感到产品的性价比较高，从而增强购买意愿。

试为某个服装单品设计直播营销文案，并说说你这样设计的好处在哪里。

7.3 服装类直播营销流程话术模板

服装类直播营销流程话术主要包含以下 5 个部分：暖场话术、引出产品话术、卖点分析话术、打消顾虑话术、转化成交话术。

1. 暖场话术

在开场环节，主播应先与用户建立良好关系，为直播间打造轻松愉快的氛围，并引导用户注意即将进行的直播内容或产品。

① 欢迎用户。示例如下。

大家好，欢迎来到×××的直播间。

② 自我介绍。示例如下。

我们家专注做源头工厂精品女装 13 年，在广州有自己的工厂和线下门店，开直播只为把真正的源头精品女装，以实惠的价格分享给大家。

③ 互动唠嗑。示例如下。

请新来的伙伴在屏幕左上角点个"关注"，主播待会儿给大家上架我们的精品真丝衣服，上装和下装都有啊。没有"点亮灯牌"的伙伴，动动你们的小手，给主播"点亮灯牌"吧。

2. 引出产品话术

完成暖场后，主播可自然而然地将话题转向即将展示的产品。

① 营造场景。示例如下。

来，直播间里有没有不知道怎么搭配裙子的伙伴？有的在评论区留个"有"。有没有为赘肉烦恼的伙伴？有的在评论区留个"有"。有没有一出门就觉得衣服像蒸笼的伙伴？有的在评论区留个"有"。

② 适时互动，拉近距离。示例如下。

哈哈哈，咱们的×××伙伴直接给主播留下了"有有有"，太可爱了！×××，主播跟你说，大数据真的懂人，把你送到了我的直播间。

③ 引出产品。示例如下。

大家看主播身上的这件上衣，有没有感觉它很飘逸？（对着镜头展示身上的衣服）这就是我们家自产的真丝上衣。

3. 卖点分析话术

引出产品后，主播可进一步展示产品。这时，主播需突出产品卖点，并让用户了解相关卖点对他们的意义。

① 介绍面料。示例如下。

伙伴们看一下啊，这面料光感很足，十分柔滑，一看就很上档次。

② 介绍效果。示例如下。

关键是，我这样穿特别显气质和身形。伙伴们看一看，我整个人是不是显得特别精神？

③ 介绍款式。示例如下。

而且，这个蝙蝠袖的设计，看着就很大气是不是？不勒不紧，穿上它后你就是气质温柔的优雅女士！这件真丝上衣，一共有4个颜色，米白、浅咖、浅灰和雾霾蓝。想要清爽的风格，就拍米白；想要知性优雅的风格，就拍浅咖；想要干练的风格，就拍浅灰；想要精致显瘦的效果，就拍雾霾蓝。尺码有S、M、L、XL和XXL，大家按正常码拍就可以了。

④ 适当互动。示例如下。

不清楚自己尺码的，可以把身高、体重留在评论区，主播帮伙伴们看一下。

4. 打消顾虑话术

服装是退货率较高的品类，因此主播应尽可能打消用户顾虑，并做好服务保障。主播可有针对性地解答用户可能存在的疑虑，并提供解决方案。

① 强化卖点。示例如下。

伙伴们看一下，衣服都是桑蚕丝面料，柔软、光感足，而且非常透气。像今天这种高温天气，你穿桑蚕丝的衣服要比穿普通材质的衣服舒服很多。衣服轻薄是轻薄，但是不透啊。来，镜头拉近一点，让伙伴们看看。而且，我们的衣服板型非常大气，很能提升你的气质。

② 展示口碑。示例如下。

这是我们店铺今年的热销服装，这个夏天已经卖出一万六千多条。大家不信可以翻一下评论，看一下销量，是不是很高？评论区有伙伴说买过，上身很好看，价格还实惠。对的，就是这样啊。

③ 给出承诺。示例如下。

主播卖衣服就是想赚个信任，和大家交个朋友。我们的衣服都是有运费险的，大家完全可以放心购买，不需要有任何顾虑。

5. 转化成交话术

主播最后需要采取一些策略，如强调优惠活动机会难得、强调产品性价比等，激励用户尽快购买。

① 清点库存。示例如下。

大家记得把"关注"点一点啊。衣服有限，只够给"娘家人"啊。40人在直播间留了"要"，是吧？那我就给大家上架40件衣服。来，直播间现在有600多人在线，但是衣服只有40件，大家看中了一定要把握住机会。

② 比价。示例如下。

衣服是桑蚕丝面料，蝙蝠袖设计，上身轻盈、效果好。这样的衣服在实体店没有三四百元是买不到的。咱们家还有工厂优势，伙伴们自己算一下账，是不是很优惠？

③ 报价上架。示例如下。

来，40件桑蚕丝优雅上衣，今天在我的直播间，不要599元，不要399元，不要

299 元，不要 199 元，129 元卖给大家。40 件上衣，来，"上车"！

课堂讨论

　　试设计一整套服装类直播营销文案，并在课堂上扮演主播，用文案来讲解产品，与同学们比一比，看谁的文案更能吸引人"下单"。

课后习题

1　简述服装类直播营销文案话术规范。

2　简述服装类直播营销文案设计要点。

3　分析可从哪些方面提炼服装卖点。

4　简述服装各细分品类直播营销文案的设计技巧。

5　简述服装类直播营销流程话术。

PART 08

第 8 章
美食类直播营销文案设计与案例分析

知识目标

（1）了解美食类直播营销文案话术规范。

（2）掌握美食类直播营销文案设计要点。

（3）通过美食类直播营销文案案例，掌握这类文案的分析方法。

（4）明确美食类直播营销文案流程话术的内容。

素养目标

（1）严格遵守广告法的相关要求，诚实客观，不得夸大产品效果。

（2）坚持正确消费导向，合理引导用户消费。

8.1　美食类直播营销文案概述

美食类是较早入场直播电商的品类之一，呈良好发展态势。掌握美食类直播营销文案话术规范与设计要点，有助于主播提高直播间转化效率。

8.1.1　美食类直播营销文案话术规范

美食类直播营销文案的话术规范主要有以下几点。

1. 确保信息准确

描述食品的制作工艺、成分、来源、口感、保质期、数量、规格等方面时，需保证信息的准确性，避免误导用户。

反面案例："这款牛奶的原料采自法国，专机空运。"

实际上，该食品是用本土原料加工而成的。

合规话术："×××品牌牛奶的奶源在呼和浩特，在那里建有大型牧场，大家可以放心饮用。"

2. 不夸大食品效果

不应夸大食品的功效，或对食品的营养价值等进行夸大或不实宣传，也不应暗示食品有类似药品的特殊功效等。

反面案例："这款产品可为皮肤补充胶原蛋白，从而帮助大家重返青春。"

合规话术："这款产品含有胶原蛋白，可以作为你日常饮食的一部分。但请大家注意，食品只是健康生活的一部分，大家还需要均衡饮食和适量运动哦。"

课堂讨论

观看一场推销红枣、枸杞等食品的直播，试分析主播的话术在确保准确传递产品信息方面有哪些高明之处。

8.1.2 美食类直播营销文案设计要点

设计美食类直播营销文案时，要注意突出其体验感。对此，主播可分享试吃后的味觉体验，并结合食品的相关话题进行话术延展。

1. 味觉体验

美食类直播的重大挑战之一就是如何用语言描述味道，从而让用户产生购买欲望。这需要主播有丰富的词汇和生动形象的描述能力。例如，用"丝滑""醇厚""入口即化"等来形容吃巧克力时的感受等。图 8-1 所示为主播现场试吃鹌鹑蛋，当时约有一千名用户在线观看。

图 8-1 主播现场试吃

① 灵活使用形容词。使用形容词是一种比较直接的方法。例如，对于一款芝士蛋糕，主播可以这样介绍。

这款芝士蛋糕口感细腻，滑滑的，咬下去就感觉整个世界被甜蜜填满了。

② 类比法。把味道比作用户熟悉的其他事物，更容易让用户理解。示例如下。

每一口小龙虾，都能让我感觉我的口腔里正在上演一场热辣的拉丁舞。

③ 情感化。把食物与特定的情绪或记忆相联系，从而引起用户的共鸣。示例如下。

咬下一口面包，我就想起了喜欢为我做小吃的外婆和我无忧无虑的童年。这是小时候的味道啊！

④ 场景描绘。描绘一个人吃这个食物时可能会想到的场景。示例如下。

咬一口这个苹果派，就仿佛置身于秋天的果园中，苹果香气扑鼻。

2. 食品特色

除描述口感外，主播还可以分享食品的特色，如制作工艺、原料来源等，增加食品的独特性和吸引力。

① 制作工艺。描述食品的制作工艺可以让用户更了解食品的价值。示例如下。

这款蜂蜜采用传统榨蜜方法，保留了更多营养成分，同时使蜂蜜的口感更加柔和。

② 原料来源。分享食品的原料来源可以增加食品的透明度，让用户更能信任食品。示例如下。

这款茶叶来自有着数百年历史的云南茶园，那里的气候、土壤条件都非常适合茶叶生长，所以我们这款茶叶的品质特别好。

③ 限量版或季节性食品。限量版或季节性，也是食品的一个卖点。示例如下。

这款蓝莓果酱采用的是新鲜的蓝莓，只能在蓝莓丰收的季节制作，因此数量有限，是真正的限量版美味哦。

④ 食品配方。使用特别的配方或者特殊的配料，也可以成为食品的一个卖点。示例如下。

这款燕麦片中加入的×××，既丰富了口感层次，也让营养更加均衡。

⑤ 包装设计。在美食类直播中，食品的包装设计也很重要，可以让用户在视觉上就对产品产生好感。示例如下。

大家看这个礼盒的设计，精美的盒子上印着传统的图案，非常适合送长辈哦。

3. 烹饪建议或食用方法

对于需要用户自己烹饪的食品，提供烹饪建议或食用方法，可以增强用户的购买信心。

① 基本烹饪步骤。对于烹饪新手，主播需要提供清晰的烹饪步骤。主播还可以通过介绍简要步骤，让用户感到食用或烹饪非常方便。示例如下。

在我们的即食燕麦中加入热水，再搅拌几分钟就能得到一碗喷香的燕麦粥啦。

② 食材搭配。主播可介绍哪些食材能与自己推荐的食品搭配使用，提供给用户更多的食用灵感。示例如下。

我们的全麦面包非常适合搭配新鲜的水果和酸奶。

③ 调味建议。如果自己推荐的食品需要额外调味，主播提供适当的调味建议可以帮助

用户更好地享受食品。示例如下。

加入一小勺芥末，就能为我们的烤牛肉增添一丝醇厚的口感。

④ 烹饪技巧。分享一些烹饪小技巧，可以让用户更好地享受食品。示例如下。

我们的意大利面条在沸水中煮 8 分钟才能有令人满意的咬劲。

⑤ 储存方法。讲解食品的储存方法可以帮助用户了解如何更好地让食品保鲜。示例如下。

大家收到货后记得将奶酪存放在冰箱中，不要让它直接暴露在空气中。

4. 健康因素

对于功能性食品，主播也需要在直播中对其功能加以强调，但不要夸大其词或做出不实宣传。

① 安全认证：介绍食品的生产过程符合食品安全标准，或介绍相关认证。

② 低糖：适合正在控制糖分摄入的人群。

③ 高纤维：可以帮助消化，促进肠胃蠕动。

④ 有机：无农药或化学肥料残留，更健康。

⑤ 低盐：适合正在控制钠摄入的人群。

⑥ 富含维生素/矿物质：某些食物含有丰富的特定维生素或矿物质，如富含钙、铁、维生素 C 等，这对需要补充这些营养素的人群来说很重要。

⑦ 适合特定饮食习惯的人群：如适合素食者、喜欢清淡食物的人群、禁食某类食物的人群等。

5. 量大优惠

对于客单价较低、销量较高的食品，量大优惠也是其重要的卖点。主播可从以下方面对其加以强调。

① 价格优势。主播可以强调食品的性价比。示例如下。

这款产品，只要××元就可以买 5 包，每包的价格远低于市面单独售卖的价格。

② 包装数量。主播可以强调食品包装中含有的数量。示例如下。

一箱共有 24 瓶，每瓶只需××元，相当于买 20 瓶送 4 瓶。

③ 社交共享属性。主播可以强调该食品适合家庭共享或者公司聚会等场景。示例如下。

这么大一箱，全家人一起吃都吃不完，亲朋好友来访时也不怕没有零食招待他们了。

④ 优惠活动/优惠券。主播可以设置优惠活动或发放优惠券来增强用户的紧迫感。示例如下。

对于今天这款产品，我们特意做了优惠活动。大家购买 2 箱就可以享受××元的优惠，机会难得，不要错过哦！

课堂讨论

选择一种你感兴趣的美食，试依照本节知识点为某撰写一篇直播营销文案。

8.2　美食类直播营销文案案例分析

本节将介绍、分析美食类直播中 4 个不同的细分品类的直播营销文案案例。这些品类涵盖了美食类直播中主要的品类，包括休闲零食、方便速食、饮料、果蔬等。

1. 休闲零食

休闲零食是一个非常广泛的类别，包括众多产品类型：膨化食品，如薯片、爆米花等；饼干糕点，如威化饼干、奶香面包等；坚果炒货，如瓜子、核桃等；果干，如葡萄干等；肉干肉松，如牛肉干、鱼干等。相应的直播营销文案技巧如下。

① 突出口感与味道。就休闲零食而言，口感和味道是特别重要的卖点，因此主播应尽量生动形象地描述其口感和味道，如使用"酥脆""爽口""香浓"等词语，让用户在听到话术时就产生强烈的食欲。

② 强调特色和场景。主播可以突出休闲零食的特色，如口味、制作工艺等，也可以强调休闲食品的食用场景，如看电影时、周末户外踏青时等。

③ 强化社交属性。主播可以突出休闲零食老少咸宜、适合分享等特点，从而增强用户的购买意愿。

④ 消除用户的顾虑。主播可以针对特殊人群的需求，提前消除用户可能出现的顾虑，如会不会导致肥胖、是否含有防腐剂等，从而坚定用户的购买信心。

示例如下。

大家好，我今天给大家带来的是我们的热销零食——蜂蜜烤核桃。我们选用的是大果型核桃，果仁饱满，口感酥脆。每一颗核桃都经过蜂蜜烤制。咬一口下去，你既能感受到核桃原有的香味，又能感受到由蜂蜜带来的甜味。这种滋味，只有你自己尝了才知道。而且，你现在购买的话，我们还有优惠，买一送一哦。不要错过这个机会，让这款美味的蜂蜜烤核桃陪你度过每一个惬意的下午茶时光吧。装在精美的盘子里，一边和亲友聊天，一边分享着美味，既能满足口腹之欲，又能增进感情，画面想起来就很温馨。而且，现在我们有买一送一的活动，你可以给自己留一份，再送给你的朋友或家人一份！

2. 方便速食

方便速食也包括许多种类，常见的有方便面、预制菜、熟食、罐头、冷冻食品等。相应的直播营销文案技巧如下。

① 强调口感和味道，配合现场试吃，让用户感受食品本身的口感与醇厚，如"鲜嫩多汁、香浓可口、咬一口就能感受到肉粒饱满"。

② 突出便利性。方便速食的主要卖点之一是"方便"，因此直播营销文案需要重点强调其便利性，如"微波炉加热 60 秒即可""放到锅中，等待 10 分钟即可"等。

③ 健康因素。很多用户在购买方便速食时会关心其健康性，因此主播应强调方便速食的健康因素，如无添加、低糖、低盐、高纤维等。

图 8-2 所示为直播间利用近景展示的食品细节。

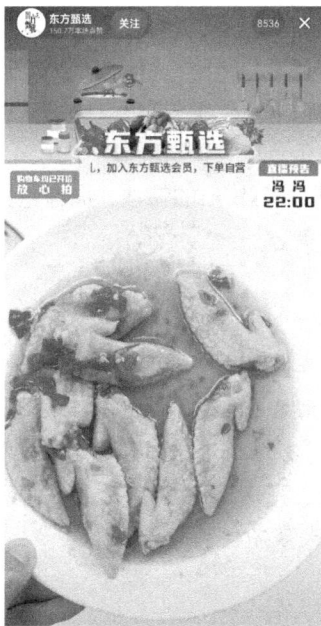

图 8-2　美食近景

④ 使用场景。主播可以通过描述各种实际场景，帮助用户明白方便速食给生活带来的便捷。例如，在忙碌的工作日可以快速吃到饭等。

⑤ 分享搭配建议。主播可以提供一些搭配建议，让用户感觉到方便速食不仅方便，还能提高生活质量。

示例如下。

今天我给大家带来的是这款超级方便的速冻饺子。看看这个饺子，饺子皮薄而弹，里面的肉馅鲜美多汁，咬一口，幸福感"爆棚"！饺子皮是手工擀制的，薄而有韧性，馅料选用新鲜瘦肉，口感鲜美、肉质细嫩。我们提供多种口味让大家选择，有酸菜猪肉、三鲜、韭菜猪肉、鲜虾猪肉等口味。

我特想和大家强调：它简直就是忙碌生活中的救星。无论你是朝九晚五的上班族，还是照顾孩子的全职妈妈，只要在家里备上一包，饿了、想吃饺子的时候，用开水一煮，饺子就能立刻上桌。我在家里就备了几包，每当工作累了，或者晚上加班，没时间做饭的时候，我都会选择它，毕竟做起来快，吃起来又香。而且为了"锁鲜"，我们用的是冷冻箱包装，只为把美味完好地分享给大家。

3. 饮料

饮料主要包括：果汁饮料、碳酸饮料、功能饮料等；健康饮品，如酸奶、果蔬汁等。相应的直播营销文案技巧如下。

① 强调口感。对于饮料来说，口感是最直接的体验，如清甜、微甜、苦涩、果香、醇厚等。口感描述应准确、细致、生动，以吸引用户，如"口感绵密、丝滑""轻松入喉，回甘悠长"等。

② 强调原料。主播可以介绍饮料的主要成分或特别配方，如无糖、无防腐剂等，从而让用户更放心。

③ 讲述品牌故事。如果饮料有一定的历史背景或使用了特别的制作工艺，主播可以在直播中对其进行讲述，这会让产品更具特色，有助于提高产品的价值感。

④ 强调功效。对于一些功能性饮品，主播可以介绍其功效，如补充能量、提神醒脑、帮助消化等，但不可以做不实宣传。

⑤ 描述适合场合。主播可以根据饮料的特性，推荐适合的饮用场合，如家庭聚会、商务洽谈、休闲下午茶、运动补水等。

示例如下。

我手里这款产品是我们店铺热销的柠檬茶饮料，清新爽口，酸甜适中，无论是解渴还是搭配餐点，都是不错的选择。这款饮料选用新鲜柠檬榨取，然后配以优质红茶，保留了柠檬的维生素 C 和红茶的醇香，不仅美味，还有益健康哦。它的包装设计也很简单，我这样轻轻一拉，就打开它了。有这么清凉的饮品，似乎夏天也变得清爽了呢！一箱 24 瓶，日常价是×××元，现在直播间做活动，只需要×××元，购买 2 箱还能再享受 8.5 折优惠，这么好的优惠机会，大家不要错过哦！

4. 果蔬

果蔬即各种新鲜水果和蔬菜。与前述食品稍有区别的是，果蔬易受损耗，保质期较短，对物流、存储条件等要求较高。其直播营销文案技巧如下。

① 强调新鲜度：果蔬的新鲜度是用户比较关心的问题，因此主播在描述时要着重强调果蔬的新鲜度和品质，如采摘时间、包装方式、储藏方式和运输方式等。

② 强调口感和营养价值：主播应介绍果蔬的口感，如微酸、脆甜，以及它们的营养价值，如富含哪些维生素等。

③ 提供售后保障和储存建议。主播可视情况提供退换货、"坏果包赔"等售后服务，这可以有效打消用户的顾虑。

示例如下。

朋友们，快看，刚采摘的杨梅。这是从我们仙居的杨梅产地直接采摘的，当天采摘，当天打包发空运。为了保证杨梅的新鲜度，我们的每箱杨梅都用专业的泡沫箱打包，并在里面放入冰块。杨梅肉质饱满，酸甜适口，非常美味；杨梅富含各种营养素，对身体也很有好处。一整箱共 5 千克杨梅，咱们现在只需支付×××元。大家了解一下行情，就知道这个价格有多优惠了。

课堂讨论

观看一场美食类直播，试分析主播的话术侧重哪些信息，对哪些信息仅是简单提及。

8.3 美食类直播营销流程话术模板

美食类直播营销流程话术主要包含以下 3 个部分：引出产品话术、卖点分析话术、转化成交话术。

1. 引出产品话术

美食类直播开场通常较为直接，主播与用户进行简短的互动后即可引出产品。

① 互动。示例如下。

欢迎大家来我的直播间。今天我给大家介绍一些美味又健康的零食！直播间的伙伴们，看看这些零食，有没有你们想要的？对于你们想要的零食，你们"刷"得越多，主播上架得就越多。

② 发放福利。示例如下。

哈哈，大家这么热情啊，看来主播必须发一些福利啊！来，大家在屏幕左上角点个"关注"，再顺手把直播间的红包领一领。

③ 营造场景。示例如下。

有没有喜欢一边追剧一边吃零食的朋友？有这个爱好的朋友在评论区回个"有"。

④ 引出产品。示例如下。

来，追剧的时候，鸭脖需不需要？啃着鸭脖看剧是不是更加过瘾？如果说我们家的鸭舌是"人间美味"，那我们家的鸭脖就是"美味中的美味"。

2. 卖点分析话术

暖场后，主播即可正式介绍产品。对于美食类产品，主播可从口感、分量、社交属性、情感等方面介绍产品卖点。有的美食类直播间有众多围观者，这通常是由于主播一边"吃得津津有味"，一边与用户互动。

① 强调口感。示例如下。

来，主播"先吃为敬"！大家平时可以备一些，这样看剧、看直播时，就能直接拿来吃。我们家的鸭脖，嚼起来有劲，入口这个味道辣得爽，麻得过瘾，回味一下还有点儿甜。这就是人间美味啊，朋友们。

② 强调分量和社交属性。示例如下。

来，朋友们，这一大袋比我的脸还大，里面有6包，自己吃，和朋友一起吃，都没有问题。

③ 关联情感。示例如下。

一根鸭脖啊，不仅是零食这么简单。它还是家的味道，记忆的味道，幸福的味道。

3. 转化成交话术

介绍完产品卖点后，主播可在转化成交环节再强调一遍产品卖点，接着引导用户下单。

① 强化卖点。示例如下。

有朋友问我这款鸭脖的生产日期。大家放心，工厂直发，保证生产日期、新鲜度。

② 互动。示例如下。

你以为我送了海带丝后，我们的"感情"就结束了吗？不，我要继续送！来，上个月刚上架的鸡肉粒，我免费请朋友试吃。来，把"试吃"设为关键词，所有在评论区留下"试吃"的朋友请留下联系信息，我们一一发货啊。

③ 比价。示例如下。

来，这么大一袋鸭脖，我们从超市买是不是至少要40元？我不跟超市比，它有场地费、电费、水费。我只跟别的主播比，上个月别的主播卖多少钱来着？

（助播：有个主播好像是6包卖150元。）

来，朋友们，我要是6包也卖150元显得我诚意不够，我今天只卖129元，来，"上车"。

④ 促单。示例如下。

平均一袋只要21.5元的鸭脖，只有超市价格的一半。大家如果发现我比外面卖得贵，不用怕，直接来找我退钱。现在快下单，你再不买就没了啊。

课堂讨论

针对美食类直播，试设计一篇直播营销文案。同学们在课堂上比一比，看看哪位"主播"的文案更吸引人。

课后习题

1 简述美食类直播营销文案话术规范。

2 简述美食类直播营销文案设计要点。

3 简述美食各细分品类直播营销文案的设计技巧。

4 简述美食类直播营销流程话术。

PART 09

第 9 章
"三农"类直播营销文案设计
与案例分析

知识目标

（1）了解"三农"类直播营销文案话术规范。

（2）掌握"三农"类直播营销文案设计要点。

（3）通过"三农"类直播营销文案案例，掌握这类文案的分析方法。

（4）明确"三农"类直播营销文案流程话术的内容。

素养目标

（1）严格遵守广告法的相关要求，诚实客观，不得夸大产品效果。

（2）坚持正确消费导向，合理引导用户消费。

（3）展现新农村良好发展态势。

9.1 "三农"类直播营销文案概述

"三农"类直播，指一种以售卖农产品为主的直播类型，是助力农业、农村发展，实现农民增收的重要方式。"三农"类直播的特点是真实、接地气，用户通过直播了解农产品的来源等信息，同时购买到新鲜、优质的农产品。对于农民来说，其通过直播销售农产品，不仅可以拓宽销售渠道，增加收入，还能提高农产品品牌的知名度，为农产品赋予更多附加值。

9.1.1 "三农"类直播营销文案话术规范

"三农"类直播与其他直播的显著不同在于围绕"农产品""农村"等展开。对于希望买到优质、可靠农产品的用户而言，直播内容和产品真实、可靠非常重要。"三农"类直播营销文案话术规范如下。

1. 真实诚恳，不做作不造假

这是"三农"直播的首要原则。用户与商家之间存在一定的信息差，主播身份、产品信息等应真实透明，直播间应以真实、自然的方式展示和销售农产品，不做任何虚假宣传。主播也不宜通过做作的语言博取关注或同情。

当前，个别直播间出现了主播乔装农民，通过装可怜赚取打赏的不良直播营销行为。这类行为有损农民形象，欺骗了直播间用户，应当明令禁止。

2. 提供的信息准确、详细

鉴于农产品在种植/养殖方法、物流时效、保质期等方面的特殊性，主播在直播过程中需要准确地传达产品信息，如产品产地、种植/养殖方法、包装方式、物流时效及储存方法等。这样可以帮助用户更准确地了解产品，从而确定是不是自己需要的产品，也有利于降低退货退款率等。

反面案例：某主播介绍了直播间售卖的小白杏，却没有提及口感、储存方法等信息。

合规话术：这些杏子来自吐鲁番。那里温差大，日照充足，非常适合种杏。我们的农场没有使用化肥和农药，作物都是自然生长的，保证了杏子的天然口感。这一批杏子是今天早晨摘的，非常新鲜。刚收到的杏子可能有点儿发涩，请您把它们放在阴凉通风的地方，最好放在冰箱的冷藏室里，过几天再吃，口感会好很多。

课堂讨论

部分直播间出现了让农民伯伯举着化妆品，一言不发面对镜头"带货"的情况。试与同学聊一聊，你们喜欢这样的直播吗，原因是什么？在引导直播健康有序发展方面，大家有什么责任？

9.1.2 "三农"类直播营销文案设计要点

设计"三农"类直播营销文案时，应着重考虑以下因素。

1. 强调原产地、原生态等

原产地、原生态，是"三农"产品的一大优势。"三农"类直播营销文案可以具体描述产地的地理环境、气候条件、土壤类型等，让用户了解这些因素如何影响产品的质量。例如，售卖新疆哈密瓜时，主播可以介绍当地的气候条件等如何影响了哈密瓜的甜度。

图 9-1 所示为在直播间，主播正在剥板栗。这可直观地展现板栗的新鲜度。

2. 强调生产工艺

部分用户会对农产品的生长过程和加工过程感兴趣，因此直播营销文案可以讲述农产品的种植/养殖、收获、加工等过程。例如，售卖茶叶时，主播可以介绍茶叶在什么火候下炒制，经过几次筛选才能达到上好的品质。

图 9-1 主播正在剥板栗

3. 提供产品的使用建议

主播可以根据产品的特性和用户的习惯，提供烹饪建议、保存方法等实用信息。例如，主播可以告诉用户怎样挑选水果，怎样保存食物才能保鲜，与哪些食物搭配食用会使营养更丰富。

4. 分享背后的故事

农产品背后往往有独特的历史故事，分享这些故事可以增加产品的情感价值，引起用户的共鸣。例如，谈谈怎样的历史事件让相关产品流传下来，本地人对相关产品有怎样的情感寄托等。

5. 做好互动答疑

"三农"类直播往往涉及很多专业知识，主播应该做到既能解答用户的疑问，又可以主动引导用户提问，增加直播的互动性。例如，主播可以提前准备一些常见问题的答案，或者设置有奖问答环节，鼓励用户参与问答活动。

课堂讨论

在本节涉及的设计要点中，你对哪些要点更在意，为什么？与老师、同学聊一聊，并据此分析直播营销文案与用户偏好的关系。

9.2 "三农"类直播营销文案案例分析

"三农"类直播间中比较常见的产品有农副产品、鲜花绿植等。当然，也有的"三农"类直播间会选择销量和利润较可观的美妆日化类产品等。下面主要就农副产品、鲜花绿植的直播营销文案进行分析。

1. 农副产品

农副产品品类非常广泛，包括在日常生活中常见的食材和食品等。这些产品的新鲜度、品质等对其销售影响较大，同时对其供应链等要求也较高。具体而言，农副产品包括但不限于以下细分类目：粮食、蔬菜、水果、肉类、水产等。例如，有的"三农"直播间建立了自有品牌，售卖相关的加工产品，如柳州螺蛳粉等。

图 9-2 所示为在直播间中的主播正在理货。因为时不时有家人从其背后路过，所以这样的"三农"直播间带给用户的原生感很强。

设计农副产品直播营销文案时，应着重考虑以下几点。

① 强调产品的新鲜度和高品质。"新鲜采摘""刚出炉""刚从田里摘下来""直接从农场送到你的餐桌""当天采摘，当天发货"等表述，能有力强调产品的新鲜度，增强用户的购买意愿。如果产品获得过某些认证或奖项，主播也可以对其加以强调。值得注意的是，主播使用的直播营销文案应符合实际情况，不可虚构信息或夸大其词。

图 9-2　正在理货的主播

② 打消用户顾虑。对于产品品质、包装方式、物流时效、新鲜度、退换货政策等用户比较关心的问题，主播应提前给出可以兑现的承诺或解决办法。

③ 营造购买氛围。主播可以通过热情的语气、对产品的详细介绍、对购买过程的详细引导、介绍优惠活动等，营造活跃的购买氛围。

话术示例如下。

接下来，我给大家带来的是我们恩施的纯天然蜂蜜。你看这蜂蜜，黄灿灿的，颜色可漂亮了；闻一闻，有淡淡的香气，好像你就站在花丛中。这蜂蜜由我们恩施养蜂人亲自采摘，用传统方式手工熬制，没有添加不应该添加的东西。

可能有的朋友会担心蜂蜜的品质问题。这个你们放心，我们这儿的蜂蜜从采摘到生产，再到包装，每一步我们都特别上心。每一瓶发出去的蜂蜜，都由专门人员进行检查，保证大家拿到的每一瓶蜂蜜都是好的。

还有朋友担心，如果对蜂蜜敏感或者不喜欢怎么办？我们有退换货的服务和赠品，大家收到蜂蜜后，先尝试赠品，如果你觉得不满意，我们接受退换，保证大家买得开心，吃得安心。很多乡亲买过我们的蜂蜜，他们都说好，说我们的蜂蜜甜而不腻，颜色鲜亮，口感纯正。大家还等什么，快买来尝尝吧！

2. 鲜花绿植

鲜花绿植品类包含常见的鲜花及绿植、多肉、果树苗等。图 9-3 所示为主播正在介绍鲜花。

在介绍这类产品时，主播可以从以下方面着手。

① 美观装饰性。鲜花绿植的主要作用之一是装饰环境，因此在介绍时，主播可以强调其颜色、形状和装饰效果，引导用户想象它们放置在自己家中的场景，可使用"点缀你的空间，让每一个角落都生机勃勃""让你在家也能呼吸到森林般的新鲜空气"等话术。

图 9-3 主播正在介绍鲜花

② 适应性。主播可以强调鲜花绿植的顽强生命力，用"这些植物可以适应多种环境，为你的生活添加绿色和活力""花期很长"等话术打消用户的顾虑，增强其购买意愿。

③ 售后事宜。主播可以强调包装方式、物流时效及售后保障等，让用户放心下单。

④ 专业知识。主播可以分享醒花、养花、插花等知识，从而延长用户停留时间。

话术示例如下。

大家好！看这满眼的色彩，像不像大自然的调色板？我们这款售价为 29.9 元的鲜花组合，精选了我们云南当地种植的十几种鲜花，有玫瑰、向日葵、绣球……只需要支付 29.9 元，你就可以买到十几种鲜花，足够放满好几个花瓶呢！

你知道吗，我们的鲜花因为得天独厚的地理环境，花色十分鲜艳，花期也较久。这些鲜花经过精心的选择和配比，不管是放在家里、办公室、还是送人，都很好。

想象一下，打开门，眼前就是一束美丽的鲜花，是不是感觉一天的疲惫都烟消云散了呢？29.9 元的鲜花组合，你还在等什么呢？我看到评论区有人问，怎么能保证寄到手里的鲜花还是新鲜的呢？我给大家解释一下。首先，我们用定制的鲜花包装盒保证每一朵鲜花在运输过程中尽可能保持完好。其次，我们在花枝切口处涂抹了营养液，确保鲜花在运输过程中得到充足的营养。最后，我们还有售后保障。如果你收到的鲜花有问题，你只需要拍照留证，我们会在第一时间进行处理，让你无后顾之忧。

课堂讨论

观看一场"三农"类直播，思考"三农"类直播对"三农"建设的贡献在哪里。同时，请你分析，"三农"类直播还有哪些潜力有待释放？

9.3 "三农"类直播营销流程话术模板

"三农"类直播营销流程话术主要包含以下 4 个部分：引出产品话术、卖点分析话术、答疑解惑话术、转化成交话术。

1. 引出产品话术

在"三农"类直播的开场部分，主播既要对进入直播间的用户表示欢迎，也要介绍自己或直播间产品。

① 欢迎用户。示例如下。

家人们好！谢谢大家来我的直播间。大家无论买不买花，都可以看一看哟！

② 介绍直播间产品。示例如下。

我今天带来的是我们云南鲜花基地的艾莎玫瑰。请大家看一看，艾莎玫瑰颜色鲜艳，香气扑鼻，真的值得人手一把。

2. 卖点分析话术

暖场结束后，主播可以通过介绍福利等方式吸引用户，并进一步展现产品的优势或特色。

① 介绍福利。示例如下。

问问直播间 130 位伙伴，有没有伙伴是新人，有没有伙伴是第一次来我直播间网购的人？来，请新人私信留下联系方式，我直接送 10 朵！

② 展现优势和性价比。示例如下。

我们家是鲜花源头，在云南鲜花基地。我们所有的鲜花都是当天采摘，把"新鲜"送到您的手中。我们也真正做到了源头直销、价格公道。

③ 互动。示例如下。

还有没有想要福利的伙伴？想要福利的伙伴让"要"在评论区"飘"起来！凡是留了"要"的伙伴，都可以得到 2 枝尤加利。有花有草，生活更美好，对不对？

请点了"关注"的伙伴注意，我再送你们一把演员×××结婚用的手捧花——洋甘菊。送了这么多花，我手都有点儿拿不住了，它们太重了！那我准备上链接了。

请大家看清楚，屏幕左上角的这组花，所见即所得，大家放心拍。我教大家怎么关注我。屏幕左上角有"关注"两个字，请伙伴们点一点，点亮"小黄心"，加入我的粉丝团。来，今天点"关注"、发了"要"的伙伴注意：艾莎玫瑰、尤加利、洋甘菊，共 20 枝，全都包邮；20 秒后点链接。

有多少伙伴想要艾莎玫瑰，来，让我看一看。上链接前，先让大家看一下发货品质。我们家的花全都打包好了，就等大家下单。

3. 答疑解惑话术

"三农"类产品较为特殊，对包装方式、物流时效、售后服务等方面的要求较高，主播还需要介绍养护知识，因此主播需要有针对性地进行介绍，以打消用户的疑虑。

① 介绍包装方式或物流时效。示例如下。

我们使用专业的鲜花冷链物流，确保每一朵鲜花在运输过程中都不受损坏。

② 介绍售后服务。示例如下。

我们有专业的客服团队。遇到任何问题你都可以随时联系我们，我们会为你提供令你满意的解决方案。

③ 介绍养护知识。示例如下。

我们家在鲜花源头。如果你收到的鲜花是坏的，我包赔。至于它们能保存多少天，要看你所在地区的气温了。百合可以养 15～20 天，艾莎玫瑰的保存天数取决于你怎么养，但它是同类鲜花中花期比较久的。

4. 转化成交话术

打消用户的疑虑后，主播可号召用户下单购买，因为此时用户的购买意愿较高。

① 号召下单。示例如下。

来，上链接。29.9 元，这个价格在别人家很难见得到。

伙伴们，现在点击屏幕下方的链接，支付 29.9 元，你就能带走这么美的艾莎玫瑰。数量有限，还在等什么，快快行动吧！

② 清点存量。示例如下。

还有多少单？

（助播：最后三单！）

伙伴们请注意，只剩三单了，果断下单吧。

课堂讨论

梳理家乡的土特产品，试为其设计一篇"三农"类直播营销文案，并与老师、同学分享你的文案，聊聊自己的设计心得。

课后习题

1 简述"三农"类直播营销文案话术规范。

2 简述"三农"类直播营销文案设计要点。

3 简述农副产品及鲜花绿植产品直播营销文案的设计技巧。

4 简述"三农"类直播营销流程话术。

PART 10

第 10 章
图书教育类直播营销文案
设计与案例分析

知识目标	（1）了解图书教育类直播营销文案话术规范。
	（2）掌握图书教育类直播营销文案设计要点。
	（3）通过图书教育类直播营销文案案例，掌握这类文案的分析方法。
	（4）明确图书教育类直播营销文案流程话术的内容。

素养目标	（1）严格遵守广告法的相关要求，诚实客观，不夸大产品效果。
	（2）坚持正确消费导向，合理引导用户消费。
	（3）弘扬社会主义核心价值观，讲好中国故事。

10.1 图书教育类直播营销文案概述

图书教育类直播营销文案以传播知识、分享教育理念和提供教育资源为主，注重激发用户的学习兴趣，满足用户学习知识的需求。与其他类型直播不同的是，图书教育类直播更强调知识讲解及与用户互动。

设计高质量图书教育类直播营销文案，需要深入理解图书或教育领域的热点问题、关注用户的"痛点"和需求，同时灵活运用故事化、情境化等多种写作手法，使直播营销文案既有吸引力，又有启发性。

10.1.1 图书教育类直播营销文案话术规范

除遵守常规规范外，设计图书教育类直播营销文案时还应当注意以下几点。

1. 遵守教育道德，积极传播科学教育理念

介绍图书或教育产品时，主播应当坚持科学、符合人类认知发展规律的教育理念，不能夸大产品效果，更不能做出不切实际的承诺，如"学完就能上名校""立刻提高考试成绩"等。

2. 尊重知识产权，不推广盗版产品

在直播过程中，主播应当尊重图书或教育产品的知识产权，不得以任何形式传播或销售盗版产品。对于直播间销售的图书或教育产品，主播应确保其来源合法，内容健康、准确、科学。

3. 保持积极情绪，营造良好学习氛围

图书教育类直播不仅能售卖图书或教育产品，还能激发用户的学习兴趣，为用户营造学习氛围，因此主播应积极乐观，坚持传递正能量和科学知识，不贩卖焦虑，不利用知识差、信息差贬低或打击用户。

4. 坚持实事求是，不进行过度营销

尽管直播的目的是销售图书或教育产品，但过度营销或者使用低俗的推销手段，都会降低直播的质量，影响用户的观看体验。

课堂讨论

你有喜欢的图书教育类主播吗，试与老师、同学分享你喜欢他的原因。

10.1.2 图书教育类直播营销文案设计要点

图书教育类直播营销文案需在介绍知识性内容的同时，激发用户的购买欲望，因此在设计时应兼顾启发性和营销性。图书教育类直播营销文案设计要点如下。

1. 明确目标人群和核心价值

不同的目标人群，如学生、家长、专业人士等，其需求和关注点是不同的。因此，主播需根据目标人群的特点和需求，有针对性地介绍产品。图书或教育产品的核心价值在于其所包含的知识或技能，因此主播需将这种价值表述得清楚明了，如作者的核心观点、独特见解等。

2. 突出实用性

许多用户购买图书或教育产品是为了解决实际问题或提高自己的能力。因此，主播需强调产品的实用性，强调产品如何帮助用户解决实际问题或提高能力。

3. 创造情境

利用故事化的表述方式，创造一个能引起用户共鸣的情境，可以让用户更好地理解和接受产品的价值。

4. 引导用户参与互动

在直播过程中，主播可通过问答等方式引导用户参与互动，这样既能在一定程度上帮助用户梳理问题，还能提高用户的参与度，有助于提高直播间转化率。图 10-1 所示为在直播过程中，富有教师气质的主播放下了手中的书，开始和用户畅聊相关知识。当时有三千多名用户停留观看。

图 10-1 主播的"即兴畅聊"时刻

5. 合理激发用户的情感共鸣和学习动力

在推广过程中，主播可讲述自己或他人通过学习得到某些机会的故事，从而合理地激发用户的情感共鸣和学习动力，促成交易。

6. 突出权威或资质

无论是购买图书还是购买教育产品，用户都会关注其权威性。主播可突出产品的出品方、作者或授课者资质、销量、用户口碑等，从而提高用户对产品的信任度。

7. 展示内容大纲或图书实物

对于图书，主播可展示其内文、装帧、用纸等；对于教育产品，主播可介绍其内容体系等。此举旨在让用户更具体、深入地了解产品，增强其购买欲望。图 10-2 所示为在直播过程中，主播将图书放在镜头前，向用户展示内文。

8. 明确学习方式等信息

图书或教育类产品具有一定的特殊性。主播需向用户清晰说明学习方式（如线上观看录播课、线上观看直播课、线下面对面听课等），也可向用户提供一些学习建议等，让用户有明确的期待并能根据自己的实际情况做学习安排。此举还能减少用户因不知情而贸然下单后又退货的情况等。

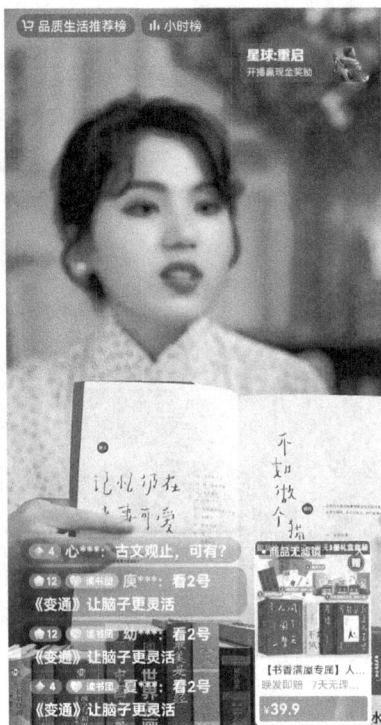

图 10-2　主播向用户展示图书内文

课堂讨论

　　观察几场图书教育类直播，说一说你觉得哪些直播让你喜欢，喜欢的原因是什么；也说一说哪些直播不那么吸引你，原因又是什么。

10.2　图书教育类直播营销文案案例分析

　　图书教育品类下有很多细分品类。以教育产品为例，其下按照教育阶段可分为学前教育产品、K12 教育产品、高等教育产品、成人教育产品等；按照产品形式可分为数字产品、实物产品等。

　　下面重点介绍图书、课程和学习用品这三类产品。

1. 图书

　　介绍图书时，除介绍内容外，主播还要将图书的实际效用与读者需求结合起来。以下是具体的直播营销文案写作技巧。

　　① 介绍基础信息。主播可介绍书名、作者、出版社、价格等基本信息，以及图书的主题、内容概述、内容特色。对于一些资历较高的作者，主播可适当介绍其专业背景、从业经历、曾获奖项等。示例如下。

　　亲爱的朋友们，我手中这本《×××》是由心理学博士、斯坦福大学教授×××所著。这是一本以科学视角剖析自控力的好书，是你提升心理素质的好帮手哦！

② 展示实物。在直播中，主播可向用户直接展示图书，如介绍图书的封面、纸张材质、插图等，还可展示或阅读部分内文，让用户对图书有更具体的了解。示例如下。

大家可以看到，这本书封面用的是精装硬壳，拿在手里很有质感；书的纸张也很好，摸起来很舒服。这里，我翻到第三章，大家可以看到，页面排版疏朗，阅读起来没有压力，非常舒服哦！

③ 展示实际应用场景。主播可向用户展示图书的实际应用场景，如"学习制作美味菜肴""学会购买投资产品""开阔视野，感受另一种人生"等。示例如下。

大家有没有遇到过这样的情况，知道某事对自己有益，却总是拖延？这就是我们需要提升自控力的原因。《×××》能够帮助我们，在面对各种诱惑或压力时，有能力按照自己的意愿去行动。

④ 分享个人故事。分享自己或他人读这本书的经历和感受，可以使推荐更具感染力。示例如下。

说实话，谈完这本书，我深受启发。以前，我总是难以坚持健身，想拥有更健康的身体，但总是抵挡不住美食的诱惑。读完这本书，我不仅理解了我为什么难以坚持，还学到了许多提高自控力的方法。请大家看看，现在的我是不是状态很好呢？

⑤ 与用户互动。主播可以邀请用户提问，然后针对有代表性的问题进行解答。示例如下。

大家在自我管理上遇到了什么困扰，欢迎在直播间留言，我会尽力回答大家的问题哦。

2. 课程

购买课程的用户也有需要解决的"痛点"，因此主播介绍课程时，可直击用户"痛点"，再引入产品并介绍产品卖点等。

① 直击用户"痛点"。购买课程用户的常见"痛点"有时间不足、学习方法不对、缺乏动力、把握不准知识点等。为此，主播可有针对性地进行介绍，如表 10-1 所示。

表 10-1 购买课程用户的常见"痛点"及话术技巧

用户常见"痛点"	话术技巧	话术示例
时间不足	强调课程的高效性和课程安排的灵活性	这门课程是为忙碌的职场人士设计的，10 分钟一小节课，方便你在闲暇时学习。无论是早晨、午间休息还是下班后的晚上，无论你在家里、办公室，还是在路上，听课都很方便
学习方法不对	强调课程设计的科学性，以及专业老师的引导，可帮助学员找到适合自己的学习方法	这个课程由专业指导老师团队设计。指导老师不仅教你知识，还会根据你的学习习惯和特点，提供个性化学习建议
缺乏动力	强调课程的互动性及学习氛围	在我们的课程中，你不仅可以和老师实时互动，还能加入一个积极向上、充满能量的学习小组，在秋叶大叔的带领下，和学员一起努力，相互鼓励，共同进步
把握不准知识点	强调课程的实用性及后期的复习和巩固	我们的课程重点突出，不但教授知识点，而且侧重于让你掌握知识点在实际中的应用，还为你准备了打卡练习哦

② 介绍课程内容。主播需对课程内容进行详细介绍，让用户清楚课程将教授什么知识，能解决自己的什么问题。示例如下。

这个课程涵盖设计基础知识、软件操作、实战项目等多个模块。无论你是新手还是老手，都能在课程中找到适合自己的学习内容。

③ 突出权威资质。主播可通过突出教学团队的口碑、指导老师的资历等，提高用户对课程的信任度。例如，主播介绍指导老师时，可介绍其教育背景、教学经验、所获奖项等。示例如下。

这门课程由拥有10年教学经验的设计专家×××讲授。他帮助8000多名学员提高了设计能力。他的课程一直以来都深受学员喜爱。

④ 展示学习效果或成果。主播可明确告诉用户，学习课程后他们能获得什么样的技能或改变，让用户感知到课程的价值，也可同时展示往期学员的学习成果，以增强说服力。示例如下。

你可能还在为工作中的文案写作、报告撰写而头疼，别担心！在我们的'AI写作课'中，你能学到用AI工具快速撰写高质量文案和报告的方法，从而提高工作效率。本课程还将教授你如何有效利用AI工具提高写作能力，让你轻松跑赢同事或同行。

往期学员对这门课程的反馈很不错。例如，×××，一名营销员，经过学习，可以利用AI工具撰写高质量的市场报告，大大提高了工作效率，获得了主管的肯定。又如，×××，一位初级程序员，学习我们这门课程后，将这项技能运用到编程项目中，加快了项目进度，受到了上级好评。

⑤ 介绍课程形式等。主播应介绍课程形式，如课程是在线直播，可以随时回看的录播，还是线下面对面讲授等。此外，主播还需介绍课程周期、单节课时长等，以便用户判断自己是否合适此课程。示例如下。

这门课是线上课程，你可以随时随地学习，每周投入3~4小时就够了。

⑥ 提供优惠。主播可鼓励用户提问，并提供优惠或奖品来激励用户参与互动或下单。示例如下。

现在报名的伙伴，可以享受优惠哦！无论是关于课程内容，还是关于课程形式等，有问题的伙伴可以随时问我，我会尽我所能帮大家解答。

3. 学习用品

介绍学习用品时，除了让用户了解学习用品的特性和优点，主播还应通过实物展示、打造场景及揭示使用效果等促进用户购买。以下是具体的直播营销文案写作技巧。

① 突出产品的特性和优点。主播可介绍学习用品的性能、质量、设计、安全性、便利性等特性维度，如表10-2所示。

表10-2　学习用品的特性维度

特性维度	说明	常用话术词组
性能	说明学习用品的作用	提高效率、整理笔记、易于理解和记忆、提高记忆力、提高学习兴趣
质量	强调学习用品的耐用性、稳定性等，这将有助于证明其性价比	品质保证、耐用结实、物超所值、优良品质、×××材质、长期使用、值得信赖

续表

特性维度	说明	常用话术词组
设计	好的设计可以大大提升用户体验	人性化设计、符合人体工程学、独特设计、舒适握感、创新元素、独具匠心、简洁大方
安全性	可强调学习用品如何在意用户安全等	安全无害、环保材料、无毒无味、符合安全标准、对儿童友好、对皮肤友好、安全可靠
便利性	强调学习用品如何方便用户的学习等	满足个人需求、个性化定制、独特风格、展现个性、符合个人口味、小巧便携、可折叠

② 展示实物。性能是学习用品的核心，主播应尽可能地向用户展示学习用品的实际使用情况，让用户更直观地理解学习用品的使用方法和效果。

- 静态展示，即将学习用品的全貌或细节等展示给用户，让用户多角度了解学习用品。话术示例如下。

大家可以看到，书包的外侧设计了一个口袋，可以……

- 动态展示，即通过开关、旋转、折叠、装卸等动作让用户了解学习用品的使用方法。话术示例如下。

接下来我为大家实际操作一下。按一下这个开关，会让它……

- 描述感官体验，即描述自己对学习用品的感官体验，如触感、色彩等，让用户在心理上对学习用品有更直观的感受。话术示例如下。

……手感非常好，我相信你们收到后一定会很喜欢……

③ 描述应用场景。主播可描述具体的场景，让用户知道在哪些场合或情况下可以使用相关学习用品，从而让用户更容易将自己置身于该场景中，并产生购买的欲望。学习用品常见的应用场景及分析如表 10-3 所示。

表 10-3 学习用品常见的应用场景及分析

应用场景	说明	话术示例
学习环境	介绍在具体学习环境下如何使用学习用品，如在家中、图书馆等地方学习时，学习用品如何帮助用户提高学习效率或增添学习乐趣	在自家的阳台上，安静阅读时，这款落地阅读灯会是你很好的伴侣
时间场景	描述在特定时间里，学习用品如何发挥作用	你是不是曾在冬日，因为手冷而不能专心书写或打字？当你戴上我们的充电保暖手套，手会立即暖和起来
需求场景	突出学习用品在某种特定需求场景中的应用，如备考期间需要高效率的学习工具、外出时需要便携的学习设备等	当你外出旅行，却不想让学习中断时，这款便携式×××应在你的行囊中
情感场景	引导用户感受使用相关学习用品时的喜悦、满足等情绪	当你用这款高效笔记本记录下充实的一天时，你会感到无比满足
对比场景	通过对比未使用该学习用品和使用该学习用品的情况，让用户体会该学习用品的价值	想象一下，如果没有这款×××，你可能会在复习时感到混乱无序，但有了×××，你的学习就会变得井井有条

④ 关联学习成效。主播可围绕提高效率、节省时间、减轻压力等方面介绍学习用品，以便明确指出学习用品如何帮助用户提高学习效果。话术示例如下。

这款学习桌可调节高度，你可以根据孩子的身高和坐姿进行调整，避免孩子因长时间学习而出现身体不适或不良体态。

⑤ 互动问答。在互动环节，主播可重点回答用户关于学习用品的疑问，解释学习用品如何操作，或者对学习用品做出更详细的解释。话术示例如下。

我看到直播间里有不少朋友对我们这款智能学习机产生了兴趣，同时也有一些疑问和顾虑。接下来，我针对大家提出的问题进行解答。×××问……

课堂讨论

图书教育类直播最吸引你的地方是什么，主播在打造这种吸引力时使用了怎样的文案？

10.3 图书教育类直播营销流程话术模板

图书教育类直播营销流程话术主要包含以下 3 个部分：引出产品话术、介绍产品话术、转化成交话术。

1. 引出产品话术

引出产品话术是指通过话题等引起用户的兴趣，然后结合用户的特点放大用户的"痛点"，再通过描述相关场景激发用户对解决方案的渴望等，最后引出产品。其间，主播适时传输好的教育理念，能让用户感到主播的专业。

① 引起用户兴趣。示例如下。

进入直播间的伙伴，你是职场工作者、学生，还是宝妈呢？把你的身份信息留在评论区，我来帮你提高你的工作、学习、生活效率，好不好？

② 放大"痛点"。示例如下。

你如果也想找到一份坐在写字楼里，不用风吹日晒，不靠体力靠脑力，四五十岁还不会被淘汰的工作，就一定要留在我的直播间。学好 PPT，你就能提高自己的职场技能。

③ 传输理念。示例如下。

留下来的伙伴请给自己鼓鼓掌，因为你们已经超过 80% 的人！

④ 激发渴望。示例如下。

在工作汇报、年终总结这种和领导面对面交流的场合，咱是不是得用 PPT？对于职场人士来说，工作做得好当然重要，把工作总结好、呈现好也很重要。

⑤ 引出产品。示例如下。

既然如此，咱们就早点把这个软件"搞定"！直接点击购物车，拍 1 号链接——"职场加速包"课程，只需 299 元，4 个软件一起"搞定"。

2. 介绍产品话术

接下来，主播需详细介绍产品卖点，可同时讲述产品背后的故事，以提高品牌的公信力和增加产品的吸引力。

① 介绍产品卖点。示例如下。

该课程会用 50 个课时的视频教你"搞定"PPT，还配有课后练习、专业老师答疑，让你做出令领导点赞、令同事羡慕的 PPT。

② 介绍品牌资历。示例如下。

我们这门课程的所有指导老师都是行业内很厉害的老师。不了解我们的可以看看我们的作品和粉丝量。对我们课程不放心的，主播告诉你，"把心放在肚子里"，可以去查查"秋叶"品牌。我们已经有 10 多年的办公软件培训经验，拥有百万学员。除此之外，我们还有自己的一系列配套工具书。是否专业大家说了算。

③ 抬高价值。示例如下。

今天下单的伙伴还能加入学习群，有老师在群里答疑解惑。这个群是永久的，大家可以在群里交流使用技巧、互换资源。说实话，群里的朋友都是愿意进步、愿意学习的年轻人，聪明的人自然会积极发言的。

④ 传输理念。示例如下。

人生只有一次，我们就要好好过，我们当然不能委屈自己。别人都在努力，你还有什么资格玩手机、玩游戏？你真的满足了吗？我们作为年轻人，需要不断地"武装"自己，提高自己的抗风险能力。遇到困难的时候，你会知道拥有一项好的技能是多么重要。

⑤ 降低门槛。示例如下。

给自己一个机会！不要犹豫，两百多元，就是一顿火锅的钱。吃火锅，吃完就没有了，但给自己投资一门"职场加速包"课程，却能帮助自己拥有核心竞争力！投资自己是永远不亏的。

3. 转化成交话术

① 提醒用户数量有限。示例如下。

大家想要就直接拍，总共 60 个学习名额，现在只剩最后 10 个了！

② 介绍价格优惠。示例如下。

这个价格只有在我直播的时候才能享受到。PPT 课的日常价是 169 元，Word 课的日常价是 169 元，Excel 课的日常价是 169 元。对于今天在直播间下单的伙伴，我再送价值 199 元的 PS 课。总价为 700 多元的课程，今天直播间"折上折"，只需 299 元。

③ 描述效果。示例如下。

现在下单的伙伴，你以后再也不用为办公软件发愁了，跟着我们好好学，一定能学会！这门课程已经卖出上万份！那些念叨明天再开始努力、明天再开始学习的人是很难有如愿的"明天"的。从现在开始努力学习、不断提升自己的人才有未来。不想寄人篱下，不想再做最基础、最累的工作，对工作前景感到很迷茫，想要努力赚钱，想要改变现状的伙伴，去学习吧！

④ 介绍赠品。示例如下。

拍到的伙伴，主播今天再送你们价值 129 元的 95 节 WPS 课和 165 道对应练习题。

⑤ 强调利益。示例如下。

学会这些技能后，不仅可以提升工作效率，还可以增加自己的收入。现在用 PS 制作一张证件照可以赚 20 元、制作一张海报可以赚 500 元。现在"00 后"同事越来越多，他们的学习能力很强，你不能让自己输在起跑线上。机会属于有准备的人，如果你成为同事眼里最厉害的那个同事，那你说，你的领导会不会重用你？你的薪资能不能上涨？大家赶紧去拍，能力决定收入，职场软件跟你们息息相关。

课堂讨论

试撰写一整套图书教育类直播营销文案流程话术，并与同学比一比，看谁的话术最吸引人，最让人想"下单"。

课后习题

1 简述图书教育类直播营销文案话术规范。

2 简述图书教育类直播营销文案设计要点。

3 简述图书、课程及学习用品直播营销文案的设计技巧。

4 简述图书教育类直播营销流程话术。

PART 11

第 11 章
母婴类直播营销文案设计与
案例分析

知识目标

（1）了解母婴类直播营销文案话术规范。

（2）掌握母婴类直播营销文案设计要点。

（3）通过母婴类直播营销文案案例，掌握这类文案的分析方法。

（4）明确母婴类直播营销文案流程话术的内容。

素养目标

（1）严格遵守广告法的相关要求，诚实客观，不得夸大产品效果。

（2）坚持正确消费导向，合理引导用户消费。

11.1 母婴类直播营销文案概述

根据快手和磁力引擎联合发布的《2023 快手母婴行业数据报告》，短视频直播平台正成为母婴行业新的增量市场。该报告显示，无论是 2022 年全年还是 2023 年年初，快手母婴类产品的消费人数均保持快速增长；2022 年，快手母婴类相关内容的日均用户数量超过 1.6 亿；在母婴相关产品的人均交易额和产品单价方面，快手用户的消费力整体呈提升趋势，实现双增长。

随着新一代父母消费观念的转变和消费能力的提升，母婴市场呈现出巨大的增长潜力。在众多的母婴赛道直播间中，母婴品牌或商家如何成功突围成为重要议题。

11.1.1　母婴类直播营销文案话术规范

在涉及母婴类产品的直播中，主播必须十分谨慎，确保话术和行为不会引起任何误解或造成不良影响。具体而言，母婴类直播营销文案话术规范如下。

1. 尊重用户的教育观念

有的直播间热衷通过制造对立等打造噱头，吸引用户购买。在母婴类直播中，主播应尤其注意尊重用户的教育观念和育儿方式，不做过度干预或贬低用户观点的表述。

反面案例："如果你不给宝宝使用这款尿不湿，舍不得花这点儿钱，你就不是负责任的父母。"

合规话术："我们推荐这款尿不湿是因为它吸水性好、舒适、透气。您可以根据自己的情况做出选择。"

2. 强调产品安全性时，给出相关证据

在母婴类直播中，主播往往会强调产品的安全性。这时，主播应确保产品的安全性有事实依据。

* 主播介绍产品拥有相关专利时，应同时给出专利号等。
* 主播介绍产品的相关荣誉或销量时，应提供具体的数据来源，并与详情页信息相符。
* 主播介绍产品具有某些效果时，应同时介绍相关资质报告等。

反面案例："这款婴儿奶粉可以促进宝宝智力发育，许多用户都反馈说他们宝宝的智商比同龄宝宝高很多。你们一定要相信，这是真的！"

合规话术："这款婴儿奶粉经过严格的科学研究和临床试验，并获得了×××认证。它含有×××等营养成分，有助于宝宝健康成长。根据我们的调查和用户反馈，一些家长表示他们的宝宝在使用该奶粉后在智力发育方面取得了良好的进展。然而，每个宝宝的发育情况是不同的，我们无法保证它对每个宝宝都能产生相同的效果。我们建议您在选择产品时，参考报告《×××》，并结合医生或专业人士的建议，以确保给宝宝提供适合他的营养和护理。"

> **课堂讨论**
>
> 观看一场母婴类直播，说说母婴类直播与其他直播间给你的感受有何不同？

11.1.2　母婴类直播营销文案设计要点

与其他直播间追求快节奏、消费快感不同，母婴类直播间更注重创造亲切、温暖的氛围，主播应通过真诚的表达和情感连接，吸引用户对直播内容产生共鸣和兴趣。同时，主播要精准把握用户的关注点和需求，针对其"痛点"提供解决方案，让用户能够真切地感受到产品的价值。

1. 展现专业性

母婴类直播不以主播外形、知名度等作为关键衡量指标，更需要主播在母婴方面足够

专业，甚至有切身体验，这样才能应对直播间的各种问题，获得用户的信任。有过育儿经验的女性主播更有信服力，更易让用户产生共鸣。同时，主播的形象应是温柔、有亲和力的，这也符合用户对新手妈妈的认知。

主播可从产品知识、行业知识、宝宝成长发育知识、专业解答、事实支撑等维度强化其专业性，如表 11-1 所示。

表 11-1　母婴类直播营销文案维度拆解

维度	说明	示例
产品知识	深入了解产品的成分、功效、使用方法等关键信息，并将其准确传达给用户	这款婴儿沐浴露采用天然成分，温和洁净宝宝的皮肤，无刺激
行业知识	熟悉母婴行业的发展趋势、热门话题，以及用户需求，并将其融入文案	最近，越来越多的家庭喜欢参加亲子旅行或亲子游学。我们这款产品颇为轻便，非常适合出远门携带，让您和宝宝畅享旅途时光
宝宝成长发育知识	提供关于宝宝成长发育的专业知识，展示专业能力和关心宝宝健康成长的态度	0~6 月龄的宝宝特别需要充足的睡眠来促进大脑和身体发育
专业解答	针对用户提出的问题和疑虑，提供专业解答	如果宝宝出现皮肤干燥的问题，大家可以尝试使用温和保湿的婴儿乳液护理宝宝的皮肤
事实支撑	引用相关的案例、研究数据或统计信息，以论证自己的观点或主张	根据×××研究，母乳喂养可降低宝宝患上×××的风险

2. 热情鼓励互动

《2023 快手母婴行业数据报告》显示，母婴类直播间用户呈现出颇具个人特色的偏好特征，他们兴趣广泛并热衷参与直播间互动。该报告显示，快手母婴用户观看直播内容时更加沉浸，更愿意与达人主播、"老铁"进行互动并表达自己的观点。

在母婴类直播中，主播不妨设计较多的互动环节，鼓励用户分享自己的育儿经验等。以下互动方式，仅供读者参考。

* 育儿知识快问快答。主播可提出一些与育儿相关的问题，在直播中进行快速提问，鼓励用户参与抢答。主播可设置小奖品作为奖励，激发用户的参与热情。

* 交流宝宝成长里程碑。主播可以邀请用户分享自己宝宝的成长里程碑，如第一声哭喊、第一次翻身、第一次爬行等，这有利于让用户敞开心扉，营造愉快的互动氛围，并进一步增强用户对主播的信任。

* 分享宝宝的生活习惯。主播可邀请用户分享自己宝宝的饮食偏好，如喜欢吃哪些食物、对某些食物的特别反应等；在评论区分享并交流关于健康饮食的经验和建议。主播也可鼓励用户分享宝宝的睡眠习惯，如入睡时间、睡眠姿势、睡眠环境等。其间，主播可以给予用户专业的建议和解答。

3. 强调产品质量

母婴类产品涉及婴幼儿健康，对产品的安全性有较高要求，产品质量直接关系到宝宝健康和直播间口碑。因此，主播在直播时务必强调产品的安全性、科学性等。主播在介绍母婴类产品时，可从以下方面展开。

- 产品安全认证。
- 原材料选择。例如，原材料是否安全、无毒、无害等。
- 生产工艺。例如，产品的生产工艺是否科学、先进，产品生产过程中的质量管理等。
- 医生/专家推荐。主播可引用医生/专家对产品的推荐或评价，强调产品符合婴幼儿的生理或心理需求，对宝宝的健康发展有积极影响。
- 用户口碑。主播可分享其他用户对产品的正面评价和使用经验，强调产品在实际使用中的安全性和有效性。

✂ 课堂讨论

观看几位头部母婴类主播的直播，分析他们的直播营销文案的亮点有哪些，并和老师、同学进行分享。

11.2 母婴类直播营销文案案例分析

依照产品的销售情况，本节选择对儿童鞋服、奶粉辅食、婴童用品和玩具益智 4 类产品的直播营销文案进行分析。

1. 儿童鞋服

设计儿童鞋服直播营销文案时，需注意以下关键点。

（1）强调舒适与质量

儿童鞋服是与孩子日常生活密切相关的产品，舒适度和质量是用户十分关心的因素。直播营销文案可通过描述产品的材质、透气性、科学设计等，强调产品的舒适性和高品质，让用户放心购买。文案示例如下。

让宝宝的小脚得到呵护是我们的使命。我们的鞋子采用天然棉布面料，柔软亲肤，能给予孩子温暖保护和呼吸空间，不闷脚。

图 11-1 所示为在某直播间，主播正在强调其手中的童装具有清薄、透气的特点。

（2）强调功能与特点

儿童鞋服在功能与特点方面往往有独特之处，如防滑、防水、防风等。主播可以详细介绍这些功能，从而说明儿童鞋服如何保护孩子的健康和安全。文案示例如下。

我们的防滑鞋底采用高弹性橡胶材质，纹路深而密集，为您家孩子提供很强的抓地力，减少他滑倒或摔倒的风险；鞋面采用防水面料，能有效抵御雨水的渗透，保持孩子脚部的干爽。

（3）强调时尚与个性

由于部分用户对儿童鞋服的时尚性和个性化也较为关注，主播可突出产品的设计、款式和个性化元素等，让用户感受到产品的独特魅力，同时满足孩子的个性需求。文案示例如下。

这件衣服正面有卡通印花，不易褪色。家长们看看，家里的男宝宝是不是特别喜欢这个卡通形象呀？

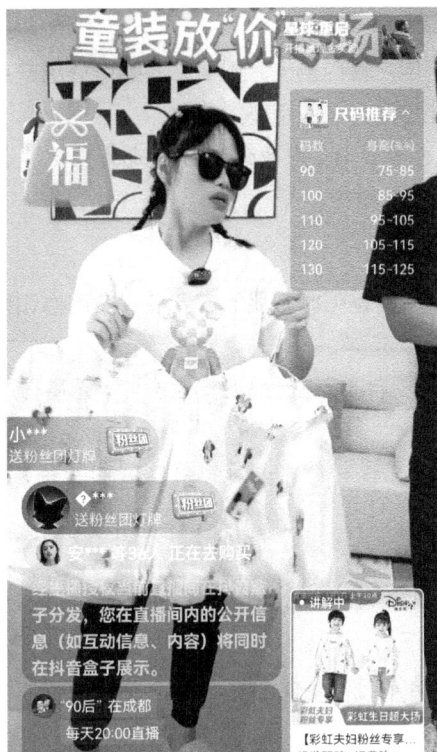

图 11-1　主播讲解童装卖点

（4）利用故事和情感

儿童鞋服是陪伴孩子成长的重要物品，主播可通过故事化的描述和情感化的语言激发用户的情感共鸣。例如，描述产品如何陪伴孩子追逐梦想、探索世界，能让用户感受到产品带来的成长陪伴。文案示例如下。

每一步都是一个冒险，每一双小脚的主人都是未来的探索者。我们的儿童鞋，不仅舒适和拥有高品质，还是孩子成长中的小伙伴……让孩子在任何地方都能自信行走，让孩子从小就拥有自信、敢于探索，成为小勇士！

2. 奶粉辅食

设计奶粉辅食直播营销文案时，应着重突出奶粉辅食的营养价值、安全性及便捷性。

（1）突出营养价值

奶粉辅食是宝宝成长所需的重要营养来源之一。主播可介绍奶粉辅食的营养成分、关键营养素及其对宝宝的发育和健康的益处。文案示例如下。

我们的奶粉辅食选用了经过精心挑选的原料，含有优质谷物、新鲜水果和蔬菜等，能为宝宝提供丰富的营养。

（2）强调安全性

奶粉辅食的安全性对宝宝的健康至关重要。主播可介绍产品的生产工艺、质量控制，以及其符合国家食品安全标准的认证等方面的信息来强调产品的安全性。文案示例如下。

我们在生产奶粉辅食时严格控制生产环境，产品也通过了×××质量检测。我们符合×××安全标准，并持有×××质量认证，请您放心为宝宝选购。

（3）强调便捷性

奶粉辅食的便捷性对于用户来说也十分重要。主播可介绍产品的包装设计、调配方式、使用方法等来强调产品的便捷性。文案示例如下。

我们的产品采用智能包装设计，方便您随时随地为宝宝提供营养。食用方法也简单，添加适量的水，将其搅拌均匀即可。

3. 婴童用品

婴童用品直播营销文案应着重强调产品的安全性、实用性和质量保证。

（1）强调安全性

婴童用品直播营销文案应详细描述产品的安全设计、无毒材质、严格的质检标准等。示例如下。

我们的婴儿床采用无毒环保材料，边角都用硅胶包裹了，旨在为宝宝提供舒适、安全的睡眠环境。

（2）强调实用性

婴童用品直播营销文案应突出产品的功能特点和实用价值，解释产品如何方便用户并满足宝宝的日常需求。示例如下。

我们的婴儿推车较为轻便，可以折叠。一抽，一拉，一提，三步就能把推车收起来。是不是特别便于您携带和收纳？

同时，主播可配合肢体动作进行现场演示，如图 11-2 所示。

图 11-2　主播现场演示如何使用手推车

（3）强调质量保证

婴童用品直播营销文案可强调产品的生产工艺、品牌背景和质量认证等，增加用户对产品质量的信心。示例如下。

我们的婴儿奶瓶采用高品质的食品级硅胶材料，通过严格的质量认证，确保产品的耐用性和安全性。

4. 玩具益智

设计玩具益智直播营销文案时，可着重突出产品的教育性、安全性、对创造力的激发及对亲子关系的促进。

（1）强调教育性

玩具益智直播营销文案应围绕产品促进儿童认知、智力发展等方面展开。示例如下。

我们的拼图玩具不仅能锻炼宝宝的手眼协调能力，还能帮助他们学习形状、颜色和空间感。

图 11-3 所示为在某直播间，主播正在讲解产品如何锻炼孩子的科学思维。

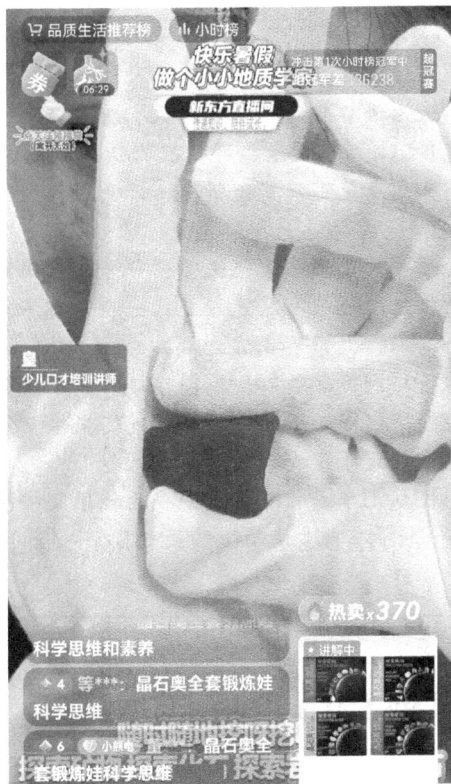

图 11-3　主播正在讲解产品如何锻炼孩子的科学思维

（2）强调安全性

玩具益智直播营销文案应突出产品采用无毒材料、圆弧设计或严格的质量控制等，以确保孩子的安全。示例如下。

我们的玩具采用环保无毒材料，经过了严格的质量检测。请大家看，这是认证标签，家长们可以放心给孩子玩。

（3）强调对创造力的激发

玩具益智直播营销文案应描述产品如何激发孩子的想象力、创造力和问题解决能力。示例如下。

我们的积木套装能够让孩子自由组合，构建各种有趣的结构，从而激发他们的想象力和创造力。

（4）强调对亲子关系的促进

强调产品如何促进亲子关系，让家长和孩子共同参与和创造美好时光，玩具益智直播营销文案应吸引用户关注产品并产生购买意愿。示例如下。

这款互动棋盘游戏不仅能够让孩子在游戏中学习，还可以供家人一起玩，增进亲子间的互动与情感交流。主播希望直播间的每位家长都能组织充满乐趣的家庭活动，在和孩子玩游戏的过程中享受美好的亲子时光，这对孩子性格的培养也是很有利的。

课堂讨论

以下是某母婴类直播间的直播文案。说说这篇文案怎么样，并分析其优点或缺点。

文案如下。

这款×××婴儿车采用进口轻质铝合金车架，重量只有 7 千克，非常轻。周身大小可以调节，最小宽度只有 60 厘米，即使在人流密集的公交车和商场里也不碍事。这款婴儿车的另一个亮点是可以完全折叠，折叠后只有一个小箱子大小，非常适合外出携带哦。

车厢部分使用了优质牛津面料，柔软透气；安全带采用五点式设计，可以完全固定宝宝的身体。这款婴儿车还装有减震装置，一点儿都不颠簸。当然，这个婴儿车已经通过×××安全认证，大家可以完全放心。

我知道大家会担心价格问题。放心！我们直接与工厂合作，没有中间商，只卖599 元/台，比线下店的价格便宜了近一半！而且我们提供 7 天无理由退货服务，你如果觉得不满意，可以直接退换，绝对没有任何风险！

亲爱的家长们，这款婴儿车真的非常实用，既轻便又安全，而且超值，是你带孩子出行散步的好伙伴。数量有限，快动手购买吧！有任何问题都可以在线咨询我，我都会解答的！

11.3 母婴类直播营销流程话术模板

正如本章开篇所说，越来越多的年轻家长开始关注母婴类直播，因为这里有稳定可靠的主播和贴心的产品推荐。在母婴类产品的直播营销文案中，获得用户信任是特别关键的一环。

母婴类直播营销流程话术主要包括 4 个部分：引出产品话术、介绍产品话术、打消顾虑话术和转化成交话术。

1. 引出产品话术

在直播中，主播可根据用户的普遍需求或困扰来引出产品。例如，对于刚生完宝宝的年轻妈妈来说，她们会面临宝宝睡眠不规律等问题，这时主播可以说："很多新手妈妈会遇到宝宝睡眠不好的问题，身为妈妈的你是不是也经历过无数个辗转反侧的夜晚？"接着，主播引出可以帮助宝宝睡眠的产品——婴儿睡袋，再介绍其功能和好处。这样，用户对主播的信任就会增加很多。

引出产品时，主播还可根据当前的时令、节日、热点话题等进行延伸互动。春节来临时，主播可以先问大家春节有什么准备，再引出一些春节婴儿礼盒；在夏天，主播可以在讨论防蚊问题后引出婴儿防蚊用品等。

熟练运用引出产品话术，能帮助主播赢得用户的信任，更好地把握用户的兴趣点和需求。

① 直击"痛点"。话术示例如下。

很多妈妈面对市面上这么多种类的奶粉，年龄段、口感、营养成分等这么多参考指标，却不知道该怎么选。新手妈妈不会选奶粉，也担心选错，怎么办才好？

② 强化身份。话术示例如下。

今天，主播作为一个过来人，来教你怎么选适合自己家宝宝的奶粉。

③ 点名互动。话术示例如下。

欢迎××妈妈、××妈妈进入直播间，主播有实用的奶粉挑选技巧分享，妈妈们可以留意一下，点个"关注"。

2. 介绍产品话术

母婴类产品的功能直接关乎婴幼儿的健康，所以主播需要着重介绍产品的具体功能和特色，如婴儿床垫的通气性能、婴儿食品的营养成分等。考虑到直播间用户主要是家长，主播应使用简单通俗的语言，避免使用过多专业术语，并适时进行类比，帮助用户了解产品细节。

图 11-4 所示为在某直播间中，主播正在介绍一款奶瓶。

除了介绍产品参数，主播还可以描述产品材质的手感、打印图案的可爱、物流包装的严谨等细节，以便用户更具象地感受产品；现场示范产品的使用方式，如安装婴儿车的各个部件、准备婴儿食物等，增加直播的趣味性和互动性；就延伸的使用技巧、配件搭配等提供建议，增强用户的购买意愿。

① 知识讲解。话术示例如下。

宝宝的奶粉要按年龄段来选啊，因为每个年龄段的宝宝对成分的需求不同。0～6个月的宝宝对营养的需求比较高，所以营养成分一定要丰富、全面。7～12个月的宝宝需要更多的……

② 款式介绍。话术示例如下。

有的宝宝适应不了新奶粉，怎么办？有这样困惑的妈妈，看过来了。我们这款奶粉的口感接近母乳的味道，能让宝宝们更容易适应。

③ 适用人群。话术示例如下。

请妈妈们注意：1 段奶粉营养更全面，适合 0～6 个月的宝宝；2 段奶粉更适合 7～12 个月的宝宝。

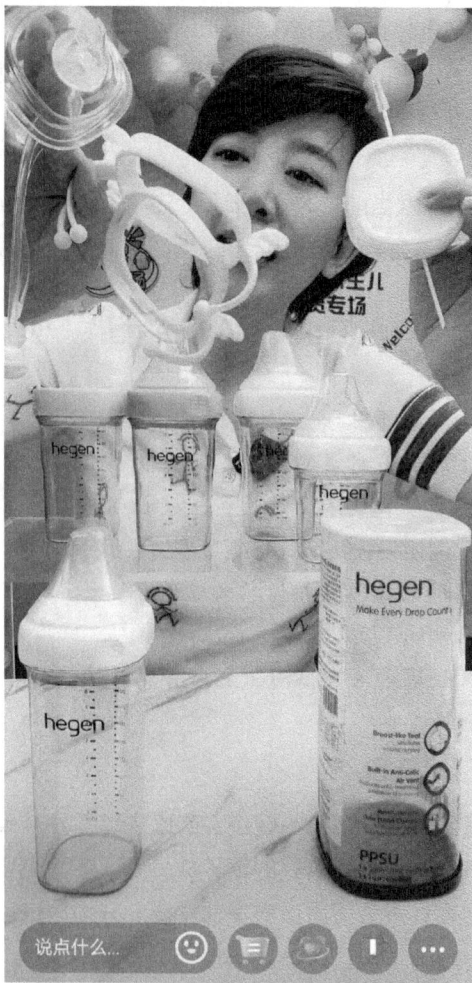

图 11-4　主播介绍母婴产品

④ 口感介绍等。话术示例如下。

担心宝宝不喜欢这款奶粉的妈妈们注意啊，咱们这款奶粉的口感非常像母乳，所以咱们的宝宝能很快适应咱们的奶粉啊。

⑤ 安全性。话术示例如下。

我们精选×××的奶源，全程安全、无菌化处理……我们的产品不添加×××，而且产品从源头到生产都可以通过瓶身的二维码进行溯源。妈妈们放心啊！

3. 打消顾虑话术

直播间用户的顾虑通常来源于产品质量、产品价格、产品实用性等方面，主播可逐个加以回应，如图 11-5 所示。

① 免费退换。话术示例如下。

妈妈们有什么顾虑都可以跟主播说啊。××妈妈，你宝宝喝了多少都不要紧，要是不喜欢，给你们安排退款啊。不管宝贝喝了一口，还是喝了一半，我们都可以给你退的啊。建议没买过我们奶粉的妈妈，先拍一小罐，给宝宝试喝一下。

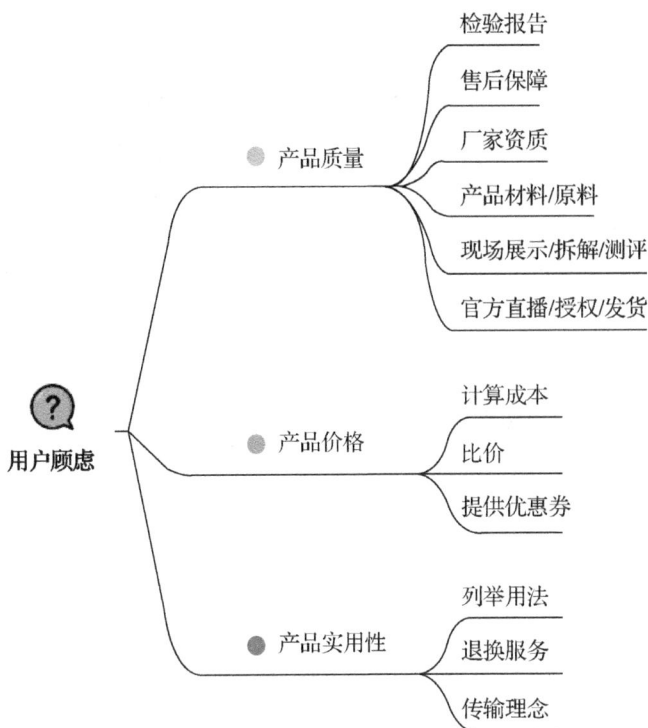

图 11-5 用户顾虑及应对方法

② 正品保证。话术示例如下。

我们是官方，正品啊，没有比我这里更"正"的地方了。

③ 传输理念。话术示例如下。

营养只有进到宝宝的身体里，才是真正的营养。

④ 比价。话术示例如下。

我们的奶粉在超市里都卖 299 元，但我们是官方直播间，想把更多优惠给到妈妈们，领取优惠券后只需支付 239 元。

4. 转化成交话术

通过以上动作，基本确定用户的购买意向后，主播可采用转化成交话术促进用户购买，完成销售闭环。

① 提醒领券。话术示例如下。

妈妈们，点击"关注"可以自动领取优惠券，先领再拍，更加实惠啊。

② 提醒数量有限。话术示例如下。

现在的活动力度很大，我们的奶粉只有 1000 份，妈妈们多拍多囤啊。来，助理准备，上链接！

③ 继续互动，打消疑虑。对于听完介绍，仍然留在直播间，却迟迟不肯下单的用户，主播还可进一步与他们互动。话术示例如下。

有疑问的妈妈，可以继续问我啊！准备给宝宝断奶、转奶的妈妈，可以拍我们的 1 号链接，直接拍就行！想给宝宝换奶粉味道的妈妈，可以直接拍 2 号链接。

课堂讨论

　　请按照本章所讲的知识设计一场母婴类直播间的流程话术。在课堂上，请大家设计一个虚拟直播间；每位同学都充当"主播"念出自己的流程话术，和其他同学比一比，看看谁的"直播"更有吸引力。

课后习题

1　简述母婴类直播营销文案话术规范。

2　简述母婴类直播营销文案设计要点。

3　分别简述儿童鞋服、奶粉辅食、婴童用品和玩具益智直播营销文案的设计技巧。

4　简述母婴类直播营销流程话术。

PART 12

第 12 章

直播间突发情况应对与处理

知识目标
（1）了解直播间突发情况有哪些。
（2）掌握直播间突发情况应对方法。
（3）熟练掌握直播间突发情况应对话术技巧。

素养目标
（1）培养社会责任感和奉献精神，面对突发情况时优先考虑用户。
（2）锻炼学习能力和创新思维能力，不断提升专业技能，创新解决问题的方法。
（3）提升知识涵养和审美素养，维护好直播间氛围。

12.1 直播间故障处理

直播间出现故障较为常见，而如何专业、冷静地处理这些故障是每位主播必备的技能。本节将介绍直播间的常见故障类型及主播的应对方法、话术。

1. 网络问题

网络问题主要是直播所需的网络带宽、速度等参数不够造成的，可能原因有：网速不足、Wi-Fi 波段受干扰、高峰期访问量激增等。

（1）预防方法

① 直播开始前，务必做带宽测试，评估网络是否稳定。

② 预留备用网络，以便直播间出现网络问题时可以快速切换。

（2）应对方法

① 告知用户当前网络存在的问题。如果难以通过视频传输信息，可借助备用手机在评

论区传输信息，引导用户等待或先逛一逛商品橱窗等。

② 尝试通过重启路由器等方式恢复网络。如无法恢复，在有条件的情况下，可改用手机网络热点继续直播。

③ 联系技术人员，尽快找出原因并解决问题。

（3）应对话术

首先，主播应引导用户，让他们少安毋躁；其次，主播应表示团队正在调整网络问题，感谢大家的理解；最后，主播应建议用户逛一逛橱窗，在网络恢复后会赠送还在直播间的用户一些优惠券或礼品。

示例话术如下。

非常抱歉，网络这会儿不"给力"，给大家带来了不便。我们的团队正在全力解决网络问题，我建议大家先逛一逛橱窗，浏览下我们的产品。网络恢复正常后，我们会提供"满50元减20元"的优惠券，希望通过这个小小的补偿来弥补大家。感谢大家的理解和支持！

抱歉，网络有点"调皮"，给大家带来了不便。今天技术小哥的"鸡腿"可能要被取消了，但是我们有"美味"补偿给大家！待会儿，我给大家发一波红包！

2. 设备故障

设备故障可能是设备老化、组件损坏、不兼容等导致的。

（1）预防方法

① 定期检查设备，及时更新驱动、系统或直播软件等。

② 每场直播开播前，仔细检查设备。

③ 在直播现场准备备用设备或工具。

（2）应对方法

① 尝试简单操作，如关闭其他无关程序等，看设备能否恢复。

② 更换备用设备或工具。

③ 及时联系技术人员检查设备，确认问题原因。

（3）应对话术

出现设备故障问题后，主播应礼貌提醒用户设备出现了小问题，技术人员正在处理，请大家耐心等待，再视情况选择某种与用户互动的方式留住用户。如果是不影响直播进行的小设备故障，主播可以用幽默的语言或福利活跃直播间气氛。

示例话术如下。

咦，今天的设备好像在跟我开玩笑呢！大家不用担心，我这就"施展魔法"，让它尽快恢复正常。在等待的时间里，我给大家准备了一个特别的福利，谁猜得出我现在手里拿着的是什么？快来猜猜看吧！猜对的朋友有机会获得超值奖品哦！

课堂讨论

以下是两则回应直播间故障的文案。请说说这些文案怎么样，优点或缺点是什么？

文案如下。

① 嘘，听说今天的直播间太过"火爆"，引来了一些技术麻烦！别担心，我已经召唤了强大的修复"神兽"。大家坐稳，等着瞧吧！

② 哎呀，直播间出了点儿小岔子，不过大家不要担心，我请了公司的"技术一哥"，他正在加班加点地处理。我们一起为他加油打气，让直播回归正常，好不好？

12.2　直播间产品问题处理

产品展示和推介是直播的主要内容之一，但直播现场免不了会出现各种产品问题。妥善处理产品问题的能力不仅会影响直播间的销售业绩，还会影响主播的专业形象与口碑。产品问题处理技巧是每个主播都需要掌握的专业技能之一。

本节将重点介绍在直播过程中可能出现的产品受损、产品信息错误、产品缺货等常见产品问题，以及主播可采取的应对措施和使用的话术。

1. 产品受损

产品受损可能是运输、搬运不当造成包装破损，也可能是产品自身材质、结构等存在缺陷，还可能是主播或团队人员在使用产品时出现了操作错误。

（1）预防方法

① 提醒商家使用优质包装，加强产品缓冲保护。

② 开播前，认真检查产品。

③ 在直播前进行产品功能使用测试，确保熟悉产品该如何使用。

④ 在直播间准备几款同类型产品。

（2）应对措施

① 检查受损部位，评估产品的功能是否受到了影响。如果产品受损严重，主播应说明问题的性质和原因，强调团队的专业性和负责任的态度，维护购买用户的权益，再介绍其他产品。如果产品受损轻微，且属偶然或人为事件，产品本身没有质量问题又不影响直播间用户的观感，主播就可继续推介产品。

② 提供解决方案或备选产品，并解释其优势和适用性。

③ 直播结束复盘时，查明产品受损原因，进行有针对性的改进。

（3）应对话术

示例话术如下。

非常抱歉，我们这款×××出现了个别掉漆的问题，也请大家理解我们其实是想通过尾货处理，把实惠带给大家。如果您已经购买这款产品，我们会提供免费退换货服务，确保您买到的是保质保量的产品，也希望您给个好评。如果您还没有购买，但仍然对这款产品感兴趣，我们愿意为每位支持我们的家人送一包面巾纸。

2. 产品信息错误

产品信息错误可能是由于相关人员在准备产品时弄错了信息，也可能是由于主播或团队对产品的理解或传达存在偏差或错误。

（1）预防方法

① 工作人员接收产品信息后，应仔细进行核实，确保准确无误。

② 主播在直播前对产品进行充分了解，包括产品功能、规格、用途等，以便提供正确的信息。

③ 团队与品牌或供应商保持沟通，以便及时获取关于产品的新信息。

（2）应对措施

① 主播发现产品信息有误后，应立即进行检查，并向用户解释原因。

② 如有可能，主播应提供正确的产品信息，以示诚信。

③ 主播应引导知道真实信息的用户发言，化危机为转机。

（3）应对话术

对于表达了错误的产品信息这一行为，主播应表达歉意，强调品牌的诚信和负责任态度，并引导知道真实信息的用户发言互动。示例话术如下。

我的疏忽啊！非常感谢×××的提醒！我们看看直播间有没有行家可以帮忙解答？（用户解答问题）

非常感谢×××给出的详细解答！也感谢×××的提问！作为感谢，我们将各送两位用户一支在直播间很受欢迎的护手霜。请你们私信客服，提供您的联系方式和地址，我们会尽快发货。

3. 产品缺货

产品缺货的原因可能是销售热度超出预期，也可能是供应商的生产或供货出现了问题。

（1）预防方法

① 在直播前与供应商确认产品库存情况，并及时了解供应链状况。

② 根据直播间历史销售数据和产品市场需求预测，准备足够的库存以满足需求。

③ 与供应商建立良好的合作关系，确保其及时供货和维持供应链的稳定性。

（2）应对措施

① 及时向用户解释情况。

② 提供替代产品或类似产品，满足用户需求。

③ 引导用户关注主播，表示补货后会在第一时间通知用户。

（3）应对话术

产品缺货时，主播不要以"缺货""库存不足"等原因敷衍用户，而应充分挖掘用户需求。示例话术如下。

非常感谢大家一直以来对我们产品的喜爱和支持。这不，大家太热情了，有些尺码的衣服缺货了！其实"小黄车"里11号链接和13号链接的款式也很不错，跟这件是同一个系列的，大家可以看看哦。如果您就是喜欢这一件，请您点点"关注"，到货后主播会在第一时间通知您。小助理已经在联系厂家补货啦，预计衣服要不了多久就能发货！

4. 对产品不熟或忘词

主播如果没有充分了解产品的特点、功能和优势，就可能无法自信地介绍产品，甚至可能在关键时刻忘词。

（1）预防方法

① 在直播前应接受充分的产品培训，了解产品的特点、功能和优势，以便准确地介绍和推广产品。

② 主动学习和研究产品，了解其特点、功能和优势，并掌握相关的专业知识，以便提供专业的意见和建议。

③ 提前准备好与产品相关的资料和信息，以便在直播中准确地介绍产品和回答用户的问题。

（2）应对措施

① 积极引导用户补充相关信息。

② 通过提供福利、展示产品等常规方法，及时"救场"。

③ 从个人体验出发，分享自己的使用感受和观点，但要同时强调个人主观性，以免误导用户。

（3）应对话术

遇到对产品不熟或忘词的情况时，主播千万别着急，通过常规话术、分享个人体验等方式也能圆场。话术示例如下。

这款产品的亮点真的是太多了，我都有点儿不知道重点介绍哪个了！来，咱们一起回忆一下。首先，它的成分确实很好。你看，评论区有伙伴说"强烈认同"……

我看到评论区的×××对咱们这款产品很了解，真棒！其他伙伴还知道哪些特色？考验大家是不是咱们直播间"忠粉"的时候到了！

课堂讨论

如果你是主播，遇到评论区用户对产品质量有所怀疑时，你会怎么处理？假设用户质疑的产品是一套普通品牌运动服，请试着设计回应话术。

12.3 棘手用户问题处理

在直播互动过程中，来自评论区的不友好互动时有发生，如恶意刷屏、人身攻击、传播谣言等。面对这些棘手的用户问题，主播首先需保持理性和专业态度。

这既是保护自己，也是服务好其他用户、维护品牌形象的负责任做法。

1. 恶意刷屏

竞争对手或恶意用户有时会在直播间恶意刷屏，通过频繁发送信息等方式干扰直播正常进行。部分用户对产品或直播内容有异议或不满情绪时，也可能会通过恶意刷屏来表达不满或抗议。

（1）预防方法

① 引导积极、健康的互动，即通过鼓励用户提问、分享经验等方式引导积极的讨论，减少用户负面情绪的滋生。

② 设立严格的互动规则，如在直播前明确告知用户互动规则，禁止恶意刷屏、发布侮

辱性言论等，维护良好的直播秩序。

③ 预先设置限制功能，如限制同一用户反复发送信息的数量等。

（2）应对措施

对于这类问题，主播应快速处置，也可立即屏蔽用户。

（3）应对话术

主播应表达对用户的尊重，但也应明确告知用户恶意刷屏行为的不可接受性，说明平台规则和对恶意行为的处理措施，让用户了解直播的秩序和安全性。同时，主播可提醒用户保持理性和友善，共同营造和维护积极、健康的直播环境。

某直播间主播在直播时，遇到过一位用户（某品牌创始人）不停刷屏送礼物的情况。该主播机智回应，制止了该行为。其话术如下。

这是卖菜的直播间，大哥您别刷了……您刷礼物不如买些我们直播间的农产品给您的员工。（展示各种农产品）您别空手走……您如果真的关注我们，可以用这些钱买一些农产品，发给自己的员工，做一件善事。这样既能让农民挣钱，又能让企业挣钱，还能让快递小哥挣钱。

示例话术如下。

谢谢大家一直以来对我们直播间的支持！但恶意刷屏行为会干扰直播，影响大家的体验，是绝对不可接受的行为。这位刷屏的朋友，你的行为虽然有点儿出格，但口才不错。也许你能在写作、演讲方面发挥你的优势哦！

2. 人身攻击

网络匿名性导致用户更容易使用攻击性言辞。用户情绪失控或持严重的个人偏见时，也可能会对主播进行人身攻击。有时，也不排除竞争对手或恶意用户故意诋毁或中伤主播。

（1）预防方法

① 在直播过程中，主播应积极营造友善、和谐的氛围。

② 主播可鼓励用户以积极的方式提出问题和意见，不使用情绪化的攻击性言辞。

（2）应对措施

① 应保持冷静，不与攻击者争论，也不做情绪化的回应。

② 如有必要，可安排助手通过私聊的方式与对方沟通，寻求解决方案或尽量消除误解。

③ 顺着攻击者的话题，幽默"自黑"，彰显自己的大气。

（3）应对话术

主播可以以事实为依据进行回应，找到解决方案，从而化解冲突。示例话术如下。

听起来，你真的很了解我，让我感觉自己都成名人了！不过我要跟你道个歉，我的"颜值"确实是没法和你抗衡啊！不过话说回来，大家来这里不是为了看我的脸，而是为了分享有趣的内容和参与互动！

哈哈，听你这么说，我都忍不住笑了！看来我真的有点把你惹恼了呢！其实，我真的希望我们能友好相处，毕竟这里是一个快乐的地方，希望我们都能开心地度过每一天！

你的话简直比我当年的班主任还要狠啊！不过，谢谢你对我的关注和了解，就算是"负能量"，我也要化成"正能量"！让我们一起快乐地聊产品吧，不为别的，就为证明我们能够消灭这些生命中的小"疙瘩"！

3. 传播谣言

用户有可能会因缺乏对产品或相关领域的了解而产生误解或传播错误信息；也有可能因受到他人的影响或误导而故意传播谣言，以引起关注或达到其他目的。

（1）预防方法

① 主播应在直播中提供准确的产品信息和相关资料，避免给用户传递错误的信息或让用户产生误解。

② 主播可以鼓励用户进行讨论，并在必要时提供正确的解答，帮助用户了解真相。

③ 主播可以通过强调品牌的价值观、信念和承诺等方式建立用户对品牌的信任，降低谣言传播的可能性。

（2）应对措施

① 及时澄清。

② 积极回应。对于传播谣言的用户，主播可以友善但坚决地指出其错误，并提供正确的信息，以免其继续传播谣言。

③ 主播可以提醒用户在传播信息前，核实信息的真实性，并鼓励他们对谣言进行辨别。

（3）应对话术

主播可以主动提供相关证明，也可以引导其他用户指出谣言的问题所在。回应时，主播要保持轻松、友好和不过激的态度，避免与用户陷入争论。幽默、有趣的回应可以化解紧张气氛。示例话术如下。

哈哈，您说的这些可真是新奇、有趣，我都想请你给我讲讲其他的"八卦"了！我开个玩笑！相信大家都知道这类谣言是没有依据的，有没有行家代我科普一下正确的知识呢？如果科普得好，主播有礼物奉上哦！

4. 直播间人数急剧下降

如果直播内容缺乏吸引力，用户失去兴趣后就会离开。

（1）预防方法

① 应提供有趣、创新且有价值的内容，以吸引用户的关注和参与。

② 应提前通知用户直播时间和主题，并在直播前发送提醒消息。

③ 可通过发放福利、积极互动等方式留住用户。

（2）应对措施

① 如果直播间的在线人数急剧下降，主播就可进行互动，如抽奖、问答或分享活动，以吸引用户参与活动并增加直播的互动性。

② 主播可根据用户反馈和参与度调整直播内容或策略，提供更符合用户兴趣的内容，重新吸引用户关注。

③ 主播可通过发放福利、积极互动等方式留住用户。

（3）话术建议

主播首先应表明自己对用户很在意，再为留下的用户提供额外的福利或优惠。示例话术如下。

怎么，大家都突然变成隐形人了吗？别害羞嘛！是不是都跑去看电视剧《×××》了？别忘了我的表演也很精彩，我给的优惠也很多哦！话不多说，主播先给大家发一波福利！

课堂讨论

　　一位达人主播在直播间推荐平价食品时，却没有主动尝试一口，这引发了用户的不满。如果你是这位主播，你会如何回应直播间的用户？

课后习题

1　直播间常见故障有哪些？简述应对技巧与应对话术。

2　直播间产品问题有哪些？简述应对技巧与应对话术。

3　常见棘手用户问题有哪些？简述应对技巧与应对话术。